SV

Band 714 der Bibliothek Suhrkamp

Walter Bauer
Geburt des Poeten

Erinnerungen

Suhrkamp Verlag

Erstausgabe

Erste Auflage 1980
© Suhrkamp Verlag Frankfurt am Main
Druck: Nomos Verlagsgesellschaft, Baden-Baden
Printed in Germany

Geburt des Poeten

»À la recherche du temps perdu.«
Verlorene Zeit. Verloren: wann? Und: stets umsonst gesucht?
Ich rief. Ich hörte Antwort, und ich ging in mir zurück,
Da fand ich sie, die unverlorene: o reifbedecktes Glück;
Und alles bis auf Schneefall, Regen, Winde war genau gebucht.
Als ich, die nie geschwundene zu fassen, meine Hand geregt,
Hat sich auch noch ein kleinstes Blatt am Zweig bewegt
An einem Apfelbaume im August, ganz früh.

Der Schneider meines Vaters

Meine Mutter hat ihren Mann, meinen Vater, nie dazu bewegen können, in ein Geschäft unserer kleinen Stadt zu gehen, um sich einen Anzug oder eine dick gefütterte Winterjacke oder eine blaue Arbeitshose zu kaufen. Wahrscheinlich hat sie es auch nie versucht – und wie hätten wir Herrn Pakulla untreu werden können? Könige haben ihre königlichen Hoflieferanten für alles, wir hatten Herrn Pakulla; er brachte alles zur rechten Zeit ins Haus, für meinen Vater jedenfalls. Meine Lieferanten übrigens waren meine älteren Brüder, ich trug ihre abgelegten und zurechtgemachten Sachen, ich war sozusagen der Erbe von Geburt an, einschließlich von Uhrketten ohne Uhr und Schuhen, die zu groß waren.

Mein Vater war ein Fuhrknecht, der für ein Baugeschäft Holz, Zement, Sand und alles mögliche fuhr; manchmal mußte er sonntags den Besitzer, der ihn mit Du anredete und ein alter, dicker Mann namens Graul war, über Land fahren, dann setzte er eine Art Kutschermütze auf, die in seinem Pferdestall hing. In Wirklichkeit war er ein Bauer – ein Bauer ohne Land; er war der jüngere Sohn gewesen, der in die Stadt ging, um sein Glück zu machen. Er fand das Auskommen für sich, meine Mutter und die rasch wachsende Familie als Fuhrknecht, das war sein Glück. Wenigstens der Wagen und die Pferde hatten Ähnlichkeit mit dem Lande, das er verloren hatte. Aber daß er vom Lande gemacht worden war, nicht von der Stadt, war in jeder seiner langsamen Bewegungen zu sehen, in dem ruhigen Schritt, mit dem er abends nach Hause ging, die Hände auf dem Rücken, in der Ruhe, mit der er sich am Tisch niederließ, um zu essen und dann über der Zeitung einzuschlafen. Er war ein Bauer in allem; und so kam es ihm auch einfach nicht in den Sinn, in Herrn Pakullas Geschäft in der Ritterstraße zu gehen. Er brauchte es auch nicht, Herr Pakulla wußte, wann es Zeit war, zu uns zu kommen. Er gehörte zu unserem Leben, schon längst vor meiner Zeit muß er zu uns gekommen sein, sicherlich hat meine Mutter ihn mit mir bekannt gemacht, als ich noch in den Windeln lag und noch nicht »Guten Tag, Herr Pakulla« sagen konnte.

Unerwartet kam er, und immer dann, wenn es nach dem Abendbrot in der Küche still geworden war. Mein Vater saß dann, den Kopf in die Hände gestützt, am Tisch und las die Zeitung; er fing bei den Todesnachrichten an, und zuletzt kam er zur großen Politik, die ohne ihn gemacht wurde. Meine Mutter wusch ab, meine Geschwister waren schon ausgeflogen wie Nachtvögel, ich las und bewegte mich in der Wüste Gobi und kam vor Durst um. Und wenn es klopfte, rannte ich zur Tür und öffnete sie erwartungsvoll, als stünde

Sven Hedin oder Richthofen davor. »Der Vater ist doch zu Hause, nicht wahr?«, und er trat ein, ohne zu warten; Freunde kommen unaufgefordert herein. Herr Pakulla. Herrn Pakullas Zeit war gekommen, und ich gab aus dem halbdunklen Flur die Nachricht in die Küche weiter: »Herr Pakulla kommt.« Er trug einen schweren Packen, er gab ihn mir, und ich legte ihn auf die alte Lade im Flur.

Er gab uns allen die Hand. Mein Vater gab, wie immer, einen Zeigefinger. »Wir brauchen nichts, Kaulla«, sagte er und las weiter, als sei ein Geist durch die Küche geschwebt. Er hatte zu früh zuviel gesagt, und Herr Pakulla überhörte es. Oh, er kam nur so vorbei, er hatte in der Gegend zu tun und dachte – »Und da denke ich, du hast doch den Hermann lange nicht gesehen, und wie mag's der lieben Familie Bauer gehen . . .« Gut.

Meine Mutter wischte mit der Schürze über den Tisch mit der Wachstuchdecke und sagte, Herr Pakulla möchte sich setzen; er saß. Eine Tasse Kaffee? – Gern. – Wir hatten immer Kaffee, er stand in einem Topf auf dem Ofen, und wer durstig war, trank. Der Kaffee, den meine Mutter kochte, hätte wahrscheinlich nicht jedem geschmeckt; nur sonntags wurde eine Handvoll Bohnen, in der Kaffeemühle zwischen die Knien von mir gemahlen, dazugetan. Im übrigen war es Gerste, von meiner Mutter geröstet, und uns

schmeckte er. Meine Mutter lächelte und trocknete ab. Sie kannte Herrn Pakulla.
Und Herr Pakulla erzählte. Er war wirklich nur gekommen, um zu erzählen, wie es seiner Familie ging, seiner Frau, seinen Söhnen, dem Kleinsten, der so alt war wie ich. Ich kannte sie alle; wenn ich durch die Ritterstraße ging, warf ich manchmal einen Blick in den Laden und sah Herrn Pakulla, Frau Pakulla mit ihrem rotgoldenen Haar und den Jüngsten.
Herr Pakulla saß an unserm Tisch und breitete die Welt unserer kleinen Stadt aus. Er war ein kleiner Mann mit schwarzem Haar und einem scharfen Gesicht, der sich vom Händler auf Dörfern zum Ladenbesitzer emporgearbeitet hatte; von seinen Anfängen her mußte er meinen Vater kennen. Weise war er, ein kleiner Jude, freundlich und fließend sprach er von Kindern und Toten und dem Bürgermeister und von Kunden und den schlechten Zeiten, die anders werden müßten. Meine Mutter saß jetzt am Tisch und hörte ihm zu, während sie graue Socken stopfte, mein Vater las die Zeitung und sah ab und zu Herrn Pakulla an, als wartete er auf etwas, was, er wußte es, kommen würde. Herr Pakulla bewegte sich vom Stadtinnern, das er kannte wie keiner, zur Weltlage, die er verstand, und dann in unsere Nachbarschaft. Er hatte eben eine ungewöhnlich preiswerte Winterjacke – »Hermann, du weißt, preis-

wert, das ist mein Wort, dafür steht Pakulla« – an jemanden in der Luisenstraße verkauft. Nicht daß er die gleiche Jacke meinem Vater aufdrängen wollte, aber wenigstens zeigen mußte er ihm das hervorragende Stück, einzig in seiner Art, zudem das letzte.

Mein Vater sah Herrn Pakulla und dann meine Mutter an, und ich brachte den Packen herein, der sich unter Herrn Pakullas Händen öffnete, und die Schätze waren sichtbar.

»Nun, Hermann, nun, Frau Bauer, hab ich zuviel gesagt?« Die Farbe. Der Stoff. Das Futter. Die Taschen. Eine Jacke wie gemacht für jemanden, der im Winter morgens um vier aufstand, um in der eisigen Morgenluft über Land zu fahren. Mein Vater hatte die Zeitung hingelegt und betrachtete die Jacke.

»Er braucht eine blaue Arbeitshose«, sagte meine Mutter. – »Die alte ist noch gut genug«, sagte mein Vater.

»Du brauchst sie, ich kann sie schon nicht mehr flicken.«

Eine Arbeitshose? Oh, die hatte er auch zufällig mitgebracht, bester Stoff, gut für die nächsten fünf Jahre, unzerreißbar.

»Na, zwei reichen auch«, sagte meine Mutter.

»Oh, die Emilie«, sagte Herr Pakulla, und er nannte meine Mutter bei ihrem Vornamen; aber wir alle, auch mein Vater, sagten »Mutter« zu ihr.

»Oh, der kann man nichts vormachen«, und er lachte.

»Steh auf, Vater«, sagte sie, »damit wir die Länge sehen.« Mein Vater brauchte die Hose nicht anzuprobieren, Herr Pakulla kannte die Maße genau. Die Winterjacke hatte er auf einem Bügel am Küchenschrank aufgehängt, sie leuchtete in tiefem Dunkelgrün.

Mein Vater stand auf, spannte die Hosenbeine aus, hielt sie an sich und betrachtete sie nachdenklich stumm. »Maßarbeit«, sagte Herr Pakulla, »sie könnte nicht besser sitzen.«

»Ich glaube, sie paßt, Vater«, sagte meine Mutter, »und du brauchst eine.« Pakulla faltete die Hose wieder zusammen und legte sie auf den Tisch, und mein Vater sah die Winterjacke an, die am Schrank hing. Er mußte an die eisigen Wintertage denken und wie kalt es in der Schoßkelle war und wie warm die Jacke sein würde.

»Ein schönes Stück«, sagte Herr Pakulla.

Mein Vater ging zum Schrank und betrachtete die Jacke genau, er prüfte den Stoff, befühlte das Futter.

»Eine Gelegenheit, die nicht wiederkommt«, sagte Herr Pakulla.

»Was meinst du, Mutter?« fragte mein Vater.

»Probier sie doch mal an.«

Er nahm die Jacke vom Bügel, zog sie langsam an, knöpfte sie zu, einen Knopf sorgsam nach dem

anderen, und steckte die Hände in die tiefen Taschen, warm wie Nester. Meine Mutter stand auf und trat zu meinem Vater, der steif in der Küche stand, prüfte den Sitz der Schultern, zog an der Jacke, strich darüber und klopfte meinem Vater sacht auf den Rücken. Mein Vater ging langsam in der Küche auf und ab, die Hände in den Taschen, und dann zu dem kleinen Spiegel; er betrachtete sich und strich über seinen grauen Bart, als wäre er ein Teil der Jacke.
»Eine sehr gute Jacke«, sagte Herr Pakulla zurückhaltend, »und was den Preis betrifft . . . eine gute Jacke hat ihren Preis, nicht wahr, und ich warte gern.«
»Was wir kaufen, wird bezahlt«, sagte mein Vater und ging durch die Küche, als wanderte er durch tiefen Winter. Und auch meine Mutter mußte daran denken, wie er im Schneewind saß oder neben den Pferden durch den Schnee stapfte.
»Nimm sie, Vater, du brauchst sie.«
Herr Pakulla nannte den Preis, meine Mutter ging zum Küchenschrank, nahm ein kleines Kästchen heraus, und dann zählte sie die Summe in silbernen Dreier- und Fünferstücken auf den Tisch. Dann tat sie das Kästchen zurück. Die Münzen blitzten im Licht, als wüßten sie, was sie enthielten, und Herr Pakulla wußte es auch; er war seit Jahren ein Freund von uns und kannte unser Leben. Die anderen Sachen packte er wieder zu-

sammen, er wußte genau, was und wieviel er
anbieten konnte; weise war er und klug, und
wann er wiederkommen würde, wußte er auch.
Mein Vater sah in der neuen Winterjacke wirklich
großartig aus, fast wie ein Besitzer, fast zu neu.
Dann, als Herr Pakulla noch eine Weile geredet
hatte, ging er, und ich brachte ihn zur Tür. Mein
Vater saß in der Jacke am Tisch, und meine Mutter fing wieder an, graue Socken zu stopfen, und
manchmal sah sie auf und sah meinen Vater an.
»Ist eine gute Jacke«, sagte sie, »und warm. Ist sie
warm genug, Vater?«
»Hoffentlich hat er uns nicht angeschmiert«, sagte
mein Vater, der immer ein Bauer geblieben war.
Er sagte ein anderes Wort, wir sprachen nicht wie
Schiller zu Hause.
»Nein, nein«, sagte meine Mutter, »Pakulla ist
reell.«
Mein Vater saß am Tisch in der neuen Winterjacke, und zuweilen fuhr er mit der Hand über den
guten Stoff.
»Die ist ganz schön warm«, sagte er.
»Du hast sie ja auch in der Küche an.«
»Doch, doch, es ist eine gute Jacke, der Pakulla
versteht seine Sache.« Er behielt sie den ganzen
Abend an.
So war es, wenn Herr Pakulla zu uns kam, der
Hoflieferant meines Vaters. Er war ein weiser
Mann, der unser Leben kannte, und ein Freund

von uns allen. Ich wünschte, daß er in Frieden gestorben sei und daß ihn seine Kinder überlebt haben. Ich weiß es nicht; und da legt sich ein Schatten auf den Abend, an dem er kam, um meinem Vater eine blaue Arbeitshose und eine neue Winterjacke zu bringen.

Die Schwemme: noch einmal

Noch einmal also, das letzte Mal in diesem Jahr! Mein Vater hatte es gesagt, als ich ihn fragte: »Vater, reiten wir morgen wieder in die Schwemme?« – »Wenn's Wetter danach ist«, hatte er geantwortet, »und dann wird's wohl das letzte Mal sein.« – »Dann komme ich also.« – »Wenn's Wetter danach ist, hab ich gesagt. Aber zuerst kehrst du die Straße.«

Ich wußte das: es war Teil der Samstagnachmittage im Sommer, die Vorbereitung des Festes: Die Reinigung der Straße vor der Reinigung unserer Pferde. Wenn sie auch dem alten Graul, dem Bauunternehmer, gehörten, wenn mein Vater seit vielen Jahren auch nur ein Fuhrmann bei ihm war, das machte nichts – es waren unsere Pferde. Wer verbrachte denn die Nacht im Stall, wenn eins von ihnen krank war? Der alte Graul? Na also. Und wer konnte dann vor Sorgen nicht sein Mittagsbrot essen, das ich ihm brachte, und ich löffelte dann den Topf aus? »Hier«, sagte mein Vater dann, »mach's fertig, mir schmeckt's heute nicht.« Mehr brauche ich über meinen Vater und unsere Pferde nicht zu sagen. Ja, und wer hob den Würfelzucker für sie auf?

Ich hatte meinen Vater am Freitagabend gefragt. Ich wußte genau, wie lange ich mit meiner Frage zu warten hatte. Hätte ich sie ihm zugeworfen, wenn er die dicke Kartoffel- oder Erbsensuppe aß, sie wäre schweigend in der Suppe ertrunken; wenn mein Vater aß, dann aß er, dann war alles an ihm mit Essen beschäftigt, noch das Tröpfchen, das an seiner Nasenspitze hing und sich lange überlegte, ob es neben den Teller oder in die Suppe fallen sollte. Alles hatte seinen unabänderlichen Gang. Zuerst die Pantoffeln, die ich ihm brachte, und der Stiefelknecht. Dann das Waschen mit heißem Wasser, das meine Mutter in einer Schüssel auf den Kohlenkasten stellte. Dann das Abendbrot, wortlos gelöffelt. Dann der Apfel, langsam und so umsichtig dünn geschält, daß die Schale aus einem Stück sich wie eine grüne Schlange über dem Tische wand, bis mein Vater sie fallen ließ. Dann das langsame Genießen der Apfelschnitten. Dann, wenn der Küchentisch abgeräumt war und meine Mutter mit einem Lappen über die Wachstuchdecke gewischt hatte – meine Brüder und meine Schwester waren nach dem Abendbrot verschwunden, als hätte die warme Septembernacht sie spurlos verschluckt – also dann holte mein Vater langsam aus der Tasche seiner Jacke ein kleines, abgegriffenes Notizbuch und einen Bleistiftstummel heraus. Er öffnete das Büchelchen. Ernsthaft blickte er auf das leere weiße Blatt, als müßte er einen bedeutenden Gedanken endgültig fassen. Dann, nachdem er die erdbraune Hand, die wie ein gutes Stück geäderter Felsen aussah, ein paarmal wie probierend über dem Blatt her und hin bewegt hatte, trug er langsam, Wort um Wort und Zahl um Zahl, die Fuhren seines Arbeitstages ein. Ihn jetzt zu fragen, wäre ein Vergehen gegen jede Sitte gewesen, schlimmer: gegen das Gesetz des Freitagabends, das Abweichungen nicht duldete, und dieses Vergehen hätte mir ohnehin eine Ohrfeige von meiner Mutter eingebracht. »Laß den Vater jetzt allein.« Sie kannte ihn.

Und so wartete ich, bis die nächste Handlung dieses Abends vollzogen worden war. Genau in dem Augenblick nämlich, als meine Mutter sagen wollte: »Vater, na und –?« zog er umständlich sein abgenutztes Portemonnaie aus der rechten Hosentasche, öffnete es bedächtig und zählte, eins nach dem andern, vier silberne Fünfmarkstücke auf die leere Fläche des Tisches. Das war die Ernte seiner Woche, und von diesen vier Früchten seiner Arbeitstage vom Morgengrauen bis zum Abend lebten wir. Nicht ganz, um genau zu sein, denn meine Mutter wusch die Wäsche für andere Leute und war eine Aufwartefrau.

Nun die Frage! Nein, noch nicht. Noch zwei wohlabgemessene Handlungen des Feierabends mehr. Zuerst das langsame Einschlafen über der Zeitung, die meine Mutter ihm dann vorsichtig unter den aufgestützten Armen wegzog; und das gähnende Erwachen, das schon halber Schlaf war.

Dann das Aufstehen, zögernd. Dann das schrittweise, schlurfende Hintreten zum offenen Küchenfenster, durch das die warme Septembernacht floß. Da stand er und sah stumm in die Dunkelheit hinaus, als gäbe sie Antwort auf Fragen, die er nie stellte. Dann atmete er mit einem leicht schnüffelnden Ton. Er schmeckte die Luft, und nun wußte der Bauer, der er geblieben war, wie das Wetter morgen sein würde. Und jetzt war es Zeit, die Frage zu stellen, und ich stellte sie. Sie traf seinen breiten Rücken des Lastträgers, aber er hörte sie: »Vater, reiten wir morgen in die Schwemme?«
Er wandte sich nicht um; noch immer zog die Dunkelheit seinen Blick an. – »Wenn's Wetter danach ist«, sagte er zum Fenster hinaus, »und dann wird's wohl das letzte Mal sein.« – »Also dann komme ich.« – »Wenn's Wetter danach ist, hab ich gesagt. Aber zuerst kehrst du die Straße.« – »Es wird doch nicht regnen«, sagte meine Mutter. Sie saß jetzt am Tisch und flickte ein gestreiftes Barchenthemd. »Ich muß morgen früh noch mal zu Grahmanns und die Wäsche aufhängen.« – »Warum soll's denn regnen?« antwortete mein Vater vom Fenster her; so sicher war er seines Wissens um das Wetter; und das war auch das einzige, was ihm die Erde gelassen hatte. – »Na also, dann ist's morgen schön«, sagte meine Mutter, »dann könnt ihr doch noch mal in die

Schwemme reiten.« – »Wie's aussieht«, sagte mein Vater. – »Ich beeil mich auch mit den Zeitungen«, sagte ich. – »Na, dann will ich mich mal ins Bett machen«; und von der Küchentür her gab er seine letzten Anweisungen; daß meine Mutter ihm ein paar Brote zurechtmachen sollte, weil er nicht wüßte, ob er mittags schon zurück sein würde, und ich brauchte ihm also kein Mittagessen zu bringen. Fein: dann konnte ich früh in der Expedition sein, denn wir Jungens wurden von den Frauen immer beiseitegedrängt. – »Gute Nacht, Vater«, sagte ich, und ich sagte es immer zuerst; und schon langsam hinausgehend, antwortete er: »Na ja denn, gute Nacht.« – »Und du verschwindest auch gleich, mein Bürschchen«, sagte meine Mutter. – »Noch fünf Minuten«, und ich griff nach dem Buch, das ich gerade bekommen hatte, und jagte atemlos über die Seiten.

So war es an diesem Freitagabend, ehe wir, mein Vater und ich und die anderen Fuhrleute, am Samstag gegen Abend in die Schwemme ritten. Den ganzen Sommer hindurch hatten wir es getan, und ich weiß nicht, was hätte passieren müssen, daß ich nicht dabei gewesen wäre; Lungenentzündung höchstens, wie Karl Hartung sie plötzlich bekommen hatte. Die anderen Nachmittage gehörten dem Schwimmen in der Saale, und wir trieben flußabwärts unter der Sommersonne, oder wir lagen in unserem Versteck im feuchtheißen Schilf und rauchten hustend und mit tränenden Augen Zigaretten, die wir unseren Brüdern gestohlen hatten; oder wir gingen Hamstergraben, meistens ohne Erfolg; dazu mußte man eben größer sein. Aber am Samstag, den ganzen Sommer lang, ritt ich mit meinem Vater auf unseren Pferden in die Schwemme am Gotthardtsteich. Alle beneideten mich und fluchten auf ihre Väter, weil sie keine Pferde hatten. Na, das wäre was gewesen.

Und am Samstag, am frühen Nachmittag, flog ich barfuß in die Expedition, packte meine Zeitungen in meine braune Hängetasche und rannte die Treppen der Häuser auf und ab, um sie loszuwerden. Natürlich war schönstes Sommerwetter, genau, wie mein Vater vorausgesagt hatte; die Sonne flammte, obwohl es schon September war, auf unsere kleine Stadt, auf die Türme, Häuser, Straßen, auf den Fluß, in dem ich heute nicht schwamm, weil ich mit meinem Vater in die Schwemme ritt. Und ich wurde meine Zeitungen los und rannte in die Teichstraße, öffnete die quietschende Tür im silbergrau verwitterten Tor, ging durch den Hof mit den Wagen und sah die Stalltüren offen; alle Fuhrleute waren schon zurückgekommen. Die Schwalben blitzten durch die offenen Türen in die Ställe, wo sie ihre Nester im Gebälk hatten. Mein Vater und die beiden anderen Fuhrleute waren beinahe mit dem Auswechseln der Streu fertig. Ich nahm Besen und Eimer, aber Herr Forkert – Karl sagte mein Vater zu ihm – sagte: »Das laß man, Kleiner, das mache ich nachher, wenn wir zurückkommen, ich bin dran.« – »Aber mein Vater hat's ja gesagt.« – »Da hat er nur Spaß gemacht. Wir können losreiten. Hermann, Otto«, rief er; und ich huschte in unseren Stall, in dem die Pferde in frischem Stroh standen, legte meine Zeitungstasche auf die Futterkiste und zog mich aus; brauchte nur die Hose und das Hemd auszuziehen, die weiße Badehose mit dem roten Rand und dem roten Stern vorn hatte ich schon zu Hause angezogen.

Langsam kamen zuerst unsere Pferde heraus, und in der Mitte des Hofes blieben sie stehen. Mein Vater hatte seine Arbeitshose bis über die Knie aufgestreift und umgeschlagen und ich sah, wie weiß seine Beine waren, nie berührt von der Sonne, nur an ein paar Stellen nicht, sein Gesicht und der Hals waren wie braunes Leder.

»Na, denn man los«, sagte er, und mit einem Schwung hob er mich auf den Rücken des Pferdes.

Es hieß einfach Hans; ich hätte ihm einen anderen Namen gegeben; und das andere hieß Fritz, und wenn mein Vater es gut mit ihm meinte, nannte er es Fritze. Ich setzte mich zurecht und nahm die Zügel in die Hände. Plötzlich war mir, als sei ich ziemlich weit vom Grunde entfernt, und Hans erschien mir groß wie ein Berg, und ich klopfte und tätschelte den Hals, der sich wie warme Seide anfühlte. Mein Vater schwang sich auf sein Pferd, und wir ritten langsam bis zum Scheunentor; dort warteten wir, bis die anderen Pferde aus den Ställen heraus- und uns nachgekommen waren. Herr Forkert öffnete das Tor, wir ritten hinaus in das volle, flammende Licht, das plötzlich blendender und viel wärmer war als im Hofe, und hielten auf der Straße, bis Herr Forkert das Tor wieder geschlossen hatte und auf dem linken Pferde saß; und jetzt ritt unsere Kolonne im Schritt auf der Teichstraße entlang, und ich hörte den Hufschlag der Pferde auf dem Pflaster. Kerzengerade saß ich, die Zügel hielt ich mit meinen Händen fest, und ich spürte die Wärme des mächtigen Leibes unter mir, und ich blickte auf den Hals mit der dunklen, rauhhaarigen Mähne, und ich schielte auf meinen Vater, ob er auch sah, wie kühn und verwegen ich ritt. Und jetzt, als ob es wie ich die sonnenflammende Freiheit dieses Samstages im September spürte und den Strom des Lichtes, webend und flutend über der Stadt, plötzlich hob mein Pferd, mein Hans, den Kopf und wieherte. Wie ein scharfer, heller Schrei füllte der Ton den lichten Raum, in dem mir alles bekannt war, die Leute auf dem Bürgersteig, die uns nachsahen, als beneideten sie uns, die Häuser, die Vögel, der Himmel, die

Sonne, die der Himmel selber war, bekannt und vertraut und neu.

»Jetzt müßten wir mal richtig Galopp reiten, Vater«, sagte ich. – »Das läßt du schön bleiben«, sagte mein Vater, »du willst dir wohl den Hals brechen.« Und ich wandte mich um, eine Hand auf dem Rücken meines Pferdes, und erblickte die anderen vier Pferde, und auch sie, wie Hans und Fritz, schienen wach, anders als sonst, als schnoberten sie etwas Unbekanntes, etwas, das sie einmal gekannt und dann verloren hatten; und ich hob den Arm wie zu einem Signal: Vorwärts. Ich spürte die Sonne, und in Freude und Stolz sah ich meinen Vater an, der neben mir ritt, und er blickte mich an, als wollte er sagen: Du verrückter kleiner Kerl du, mein Junge.

So ritten wir zum Teich und zum breiten Wege für Wagen und Pferde, der zwischen niedrigen Mauern zum Wasser führte. Gottseidank, die von der Brauerei Engelhardt waren noch nicht gekommen und nahmen uns nicht den Platz weg. Aber das mußte man den Bierkutschern lassen, die kamen wenigstens in flottem Trab geritten, daß es auf dem Pflaster nur so knallte und dröhnte. Langsam ritten wir den sandigen Weg hinab, der sonnengroßen, blitzenden Fläche des Teiches entgegen, der unberührte Spiegel wurde zerstampft und zerrauscht, und wieder hob Hans den Kopf und wieherte in die Frische des Wassers hinein. Es fing an sich mir entgegenzuheben, und als es den Pferden bis zum Leibe reichte, hielten sie an und tranken. Sie tranken in langen, ruhigen Zügen, als wollten sie den Teich leeren, als hätten sie ihren Durst nie gestillt, und wir saßen ruhig, um sie nicht zu stören. So saßen die beiden anderen Fuhrleute auf ihren Pferden neben uns, und auch diese tranken mit vorgestrecktem Hals. Ich blickte über den Teich hin und sah ein paar Kähne fahren, und die Bäume am jenseitigen Ufer und die Häuser auf dem Hügel schienen fern. Ich sah auf mein trinkendes Pferd, auf meinen Vater, der ganz ruhig saß, unbeweglich, als träume er mit offenen Augen, auf die beiden anderen Reiter; auch sie hielten sich still, als wären sie erstarrt oder sie träumten.

Dann hatten unsere Pferde genug getrunken. Sie schritten langsam in das Wasser hinein, es hob sich, es berührte meine Fußsohlen, meine Knöchel, die Beine; ich spürte die warme Luft an meinem Körper überall, und ich fröstelte. – »Brrr«, sagte mein Vater. Die Pferde hielten, und ich sah, daß die weißen Beine meines Vaters bis zu den Knien im Wasser waren, aber die Pferde wären, wie ich, gern davongeschwommen, durch den ganzen Teich, in dessen Licht jetzt ein goldener Ton erschien. Aber dafür waren sie zu schwer; mit einem Araberhengst hätte man das leicht tun können.

Langsam lenkte mein Vater sein Pferd zurück, langsam folgte ich ihm, bis die Pferde wieder im flachen Wasser standen, und während die Männer nun ihre Pferde schrubbten und wuschen, wuchs das goldene Licht des Samstagabends. Es bedeckte alles mit seiner schimmernden Haut, die arbeitenden Männer, die Pferde, die es sich unter den Händen ihrer Meister wohl sein ließen und manchmal wieherten; auch sie wußten, daß Samstag war. Es ruhte unverletzbar auf den Bäumen am Weg zur Schwemme und am Rande des Teiches, auf den Häusern der Teichstraße, auf allen Gesichtern, auf mir und der ganzen Welt.
Und in tiefgoldenem Licht, eingehüllt in die Glorie des letzten Wochentages, ritten wir dann von der Schwemme fort, die Straße entlang und zurück in die Ställe, wo die Pferde ihr Futter erhielten; und ich schlüpfte in Hose und Hemd, auf dem warmen Leib darunter überall eine feine, unversehrbare Haut von sonnigem Gold. Später gingen wir heim, mein Vater, der Meister unserer Pferde, und ich, sein Sohn, und ich versuchte, meinen Schritt so lang zu machen wie den meines Vaters, aber dazu langte es noch nicht.

Das Wehen von Flügeln

»Komm schon und hör bloß auf zu suchen«, sagte mein Bruder, »wir müssen los.« Ich hatte in einem Haufen alter Bücher herumgesucht, der in dem Schuppen lag. Sie waren zerrissen, ohne Deckel, von manchen fehlte ein Teil. Eines Tages wurden sie in die Papiermühle gebracht. Doch für mich waren sie Schätze ohnegleichen. Mein Hunger war erwacht. Ich hatte neben dem großen Haufen einen kleineren aufgeschichtet. »Hast du was gefunden?« fragte mein Bruder. Er hatte aus dem Laden die Journale geholt, die er für eine Buchhandlung ausfuhr; und manchmal, wenn ich Zeit und Lust hatte, zog ich mit ihm durch die Stadt, von Haus zu Haus, bis an ihren Rand, und manchmal bekam ich in besseren Häusern etwas, ein paar Äpfel oder ein belegtes Brot, das wir dann teilten. Jetzt streckten sich die Hände leichter aus. Es ging auf Weihnachten zu, und da war ich jedesmal dabei. »Hast du was zum Schmökern gefunden?« fragte mein Bruder. – »Ja«, antwortete ich, »hier.« – »Du bist verrückt«, sagte er. Ich las. Ich verzehrte die Welt in einem maßlosen Hunger, dem jede Speise bekam. Mein Bruder brauchte die Bücher nicht; er hatte ein Mädchen.
»Das geht nicht«, sagte er, »das ist zuviel, oder die kommen mir auf den Kopf. Drei kannst du mitnehmen. Geh an die Tür und sieh, ob jemand

kommt.« Ich ging an die Tür und sah hinaus, und mein Bruder packte die Bücher in den Wagen.
»Wir müssen los.« Wir schoben den rotbraunen zweirädrigen Wagen, auf dem der Name der Buchhandlung stand, durch die Stadt. Wenn es abwärts ging, hob uns der Wagen in die Luft, und wir schwebten über der Straße dahin. Wir brachten die Welt in die Häuser, wir verteilten Glanz und Finsternis, Schiffstaufen und Brückeneinsturz, Überschwemmungen und Hochzeiten von Königen, Naturwunder und was es so gab; und hier und da dankte uns jemand für die Gaben, die wir brachten, mit einer kleinen Freundlichkeit.
»Bring das hinauf«, sagte mein Bruder, »zu Kühnemann, Nummer dreiundzwanzig, zwei Treppen. Ich gehe in sechsundzwanzig.« Ich nahm die Journale und stieg durch die Stille des Hauses empor. Alle Häuser waren anders als das Haus, in dem wir wohnten. Unser Haus war eine Burg der Armut. Wenn man ganz unten angekommen war, zog man in ein Haus wie das unsere ein. Für sie, die in der Tiefe nach ihrem Brot suchten wie der Taucher nach Perlen, hielt es sich noch mühsam aufrecht. Es zitterte von Leben. Doch diese Häuser waren still, und der Schritt auf den Läufern die Treppen hinauf wurde leise. Ich klingelte, und eine jüngere Frau machte auf. »Guten Tag«, sagte ich, »die neuen Journale«, und ich fügte hinzu: »Fröhliche Weihnachten!« Mein Bruder meinte,

das sei ein Zauberwort. Ich sagte es mit heller Stimme, und die Frau sah mich lächelnd an. Sie nahm mir die Hefte ab und antwortete: »Warte einen Augenblick.« Sie ging in die Wohnung zurück, und ich trat in die Tür und sah hinein. Hirschgeweihe und Jagdbilder hingen an den Wänden im Flur. Dann ging drinnen eine Tür auf, und ich trat zurück, die Frau kam und gab mir eine Tüte, zuerst die Tüte und dann die alten Journale. »Eine Kleinigkeit für dich«, sagte sie. Ich dankte und flog die Treppen hinab. Unten bei der Tür machte ich die Tüte auf. Es hatte sich gelohnt: drei schöne Äpfel, fünf Pfefferkuchen mit einem Bonbon in der Mitte. Strahlend ging ich zu meinem Bruder zurück. – »Hast du etwas?« sagte er. »Na, wenigstens etwas. Das ist was für zu Hause, das sind die richtigen Äpfel für den Baum.« Und wir verteilten die Welt und empfingen hier und da ihre Freundlichkeit. Über uns wanderten die Stürme der Zeit. Aber wir waren sehr klein in der Tiefe und wurden von ihnen nicht berührt und dankten für zwei Äpfel, die man uns gab, oder ein Stück Stollen, auch wenn wir den, den unsere Mutter buk, vorzogen. Langsam zogen wir unsere Spur durch die Stadt, weit hinaus bis dorthin, wo die Dämmerung uns mit lautlosen Schritten entgegenkam, und die Lichter entfernter Häuser, die in den Feldern lagen, waren ihr Schmuck oder ihre Augen.

Wir hielten dann vor einem mächtigen Gebäude, das wie eine Mauer die Dämmerung von ihrem Marsch in die Stadt zurückhalten wollte; es war das Lehrerseminar.
»Du gehst zum Direktor«, sagte mein Bruder, »und ich gehe zum Hausmeister.« Ich war schon mit meinem Bruder in dem Gebäude gewesen. Ich ging ein Stück im langen Flur entlang und steckte die Journale in den Briefkasten. Hier konnte man nicht klingeln, es war so still überall, daß man froh war, wenn man schnell wieder hinauskam. Die Stille lag im Flur wie eine reglose, licht- und dämmerunggemischte Flut, und von überall flossen Ströme von Stille die Treppen herab. Ich dachte: Zwei Tage vor Weihnachten kann man auch hier klingeln; und ich hob auch meine Hand. Aber man ließ mich die Klingel nicht berühren. Man hielt meine Hand fest. Eine Stimme sagte zu mir: Höre mich an; laß deine Hand sinken. Und meine Hand sank herab, langsam, wie unter einem Befehl. Ich hörte die Stimme.
Plötzlich begann eine zauberhafte Musik. Sie schwebte aus einem der oberen Räume, von dort her, wo die Nacht schon in das Haus eingedrungen war. Sie floß durch die Treppen herab und überwältigte die Stille. Sie durchdrang die Wände. Sie breitete sich überall aus, eine Morgenröte, ein sanftes Feuer. Sie flutete durch das Haus. Sie fand mich, sie kam in mich hinein, als wäre ich

durchlässig, wie all und jedes um mich. »Hörst du mich?« sagte die Stimme. Ja, ich hörte sie, ich muß in ihrem Anhören gezittert haben; und eine Woge von Jubel, gebildet aus den Stimmen von Geigen und Celli, aus den tiefen Stimmen der Bässe, trug mich davon.
Dann war es still. Es war jetzt noch stiller als vorher. Die Musik erlosch wie ein Licht, das durch eine unachtsame Hand umgeworfen wird, und die Dunkelheit brach über mich herein. Ich hörte in der fernen Höhe eine Stimme. Ich verstand nicht, was sie sagte. So hatte vielleicht die Stimme im Märchen gesprochen: Sesam, öffne dich – und als habe diese ferne Stimme den Felsen geöffnet, dem der Quell lichter Flut entströmte, begann die Musik noch einmal das Haus zu erfüllen; und sie fand mich, sie suchte mich heim. Damals habe ich geahnt – ich muß es geahnt haben –, daß es nicht nur Brot und Äpfel sind, nach denen man hungern muß; man braucht sie, und ich wußte, wie sehr man sie braucht. Es gab einen anderen Hunger.
Dann waren die Fluten verrauscht, und als ich in der Stille, die nun ganz dicht geworden war, noch eine Zeit abgewartet hatte, ging ich hinaus, und die Nacht fiel mich an. Die Sterne waren herausgekommen und schwebten in großer, klarer Höhe. Ich hörte die Stimme meines Bruders, und ich war froh, als ich ihn am Wagen fand.

»Du bleibst ja ganz schön lange«, sagte er, »und ich stehe hier draußen und friere mich fest. Dich haben sie wohl zum Abendbrot eingeladen.« – »Nein«, sagte ich. – »Und mitgebracht hast du auch nichts. Dich kann man zu nichts gebrauchen. Komm, wir müssen noch zum Feldweg Nummer vier. Wenn die uns mal so eine richtige Knackwurst verehren würden, das wäre was. Knackwurst und so ein richtiges Butterbrot und ein Glas Glühwein. Los.« »Du«, sagte ich, »wer hat denn da drin gespielt?« – »Die Seminaristen«, antwortete er. »Das sind alles große Affen mit ihren Samtmützen. Und da geht dieser Mensch zum Direktor und klingelt nicht. Was hast du denn eigentlich drin getan?« – »Zugehört«, sagte ich. – »Na ja«, sagte mein Bruder, »der eine hat's eben in den Ohren. Vielleicht wirst du mal so'n berühmter Dirigent mit 'nem Frack und Stehkragen. Dirigent Bauer, tatü tata. Und was habe ich bekommen? Eine Tüte voll Nüsse. Los. Der alte Gebhardt will seine Journale haben, sonst gibt's Krach.« Ja; meine Hände waren leer.

Wir fuhren dann durch die Finsternis zurück. Die Stadt rief uns mit ihren Lichtern zu: Kommt heim, kommt heim. Die Sterne zogen mit uns, die am Grunde der Erde ihre schmale Beute fanden. Die Sterne waren Feuer, entflammt an den großen Weideplätzen der Nacht.

Ernte der Welt

Er hatte nicht geschrieben, daß er kommen würde; keiner von uns war ein großer Briefeschreiber. Nicht jedes Jahr kam er, doch wenn er erschien, dann unerwartet, und dann war Dezember mit Schnee draußen und Frost an den Fenstern oder mit Nässe und immer mit guter Wärme in der Küche. Briketts hatten wir genug, um durch den Winter zu kommen, wie lang er auch sein mochte; mein Vater, ein Fuhrknecht, hatte sie selber auf seinem Wagen aus den Kohlengruben geholt.

Er hatte nicht geschrieben. Eines Abends klopfte es an die Wohnungstür. Wir waren zu dritt. Meine Schwester und die anderen Brüder waren fortgegangen, sie suchten anderes Feuer als das in unserer Küche, und sie fanden das, auch an Winterabenden.

Mein Vater sah von der Zeitung auf, über der er eingenickt war, meine Mutter, die Strümpfe stopfte, sagte: »Sieh, wer da ist, vielleicht einer von oben, und sie wollen wieder Briketts haben.« Ich sprang von meinem Buch auf, ging durch den dunklen Flur und öffnete die Tür, und im dämmerigen Licht des Treppenhauses erkannte ich ihn. »Artur! Es ist Artur!« Mein Bruder. Er trat ein, als wäre er von einem Spaziergang zurückgekommen; doch ein Vogel war er, der von langem

Fluge heimkehrte und sich zur Rast niederließ. Die schläfrige Ruhe zersprang, plötzlich saß mein Bruder am Tisch, und wie alle, die wieder nach Hause kamen, aß und trank er zuerst, und wir sahen ihm stumm zu; man fragt einen Essenden nicht. Dann stopfte er seine Pfeife, streckte die Beine aus und war zu Hause, als sei er nie fortgewesen. So schien es. Aber er war in der Welt gewesen, er hatte die Welt mitgebracht, und ich griff nach jedem Bröselchen, das er fallen ließ.
Meine Mutter sagte, daß seine Sachen nach Herberge und Landstraße stänken, und am ersten Abend packte sie alles zusammen, um es am nächsten Tage zu waschen. Aber sie hatte nicht recht; ein ganz anderer Geruch kam aus den Sachen, scharf, beizend, fremd, wie nichts in unserer kleinen Wohnung roch. Und sie hatte unrecht, wenn sie sagte, daß er jedesmal wie ein Stromer, abgerissen, verludert, ohne Arbeit nach Hause käme und daß er sowieso wieder weggehen würde, wenn es wieder warm wäre. Warum nicht? Was sonst konnte er tun, der Zugvogel unter uns Seßhaften? Er mußte wieder aufbrechen. Meine Mutter sagte, daß sie nicht wüßte, woher er dieses Vagabundieren hätte.
Ein fremder Zimmergeselle war er, mit schwarzem Hut, dessen breite Krempe beim Gehen wippte, mit schwarzen Samthosen, die um die Beine schlugen, und schimmernden Perlmutt-

knöpfen auf der schwarzen Jacke. An der Weste blitzte die Uhrkette, und Schlegel, Axt und Säge, die Zeichen seines Berufes klirrten leise. Einen gewundenen Ziegenhainer trug er in der Hand, und sein Gepäck brachte er in einem kunstvoll-einfach zusammengebundenen rot-weißen großen Taschentuch von Moosbach aus Bielefeld. So wanderte er durch die Welt jenseits unserer kleinen Stadt; so kam er aus ihr zurück in unsere Wärme. Wenn er heimkehrte, war er für meine Mutter und für meinen Vater ein Sohn wie alle Söhne, und die Tür stand ihm offen. Für meine Geschwister war er der Bruder, der es zu Hause nicht aushielt. Doch für mich kam er wie ein Botschafter aus jenen Fernen, die ich im Sommer hinter den Getreidefeldern in der weiten Ebene schimmern sah und deren Duft im Herbst aus blauen Kartoffelfeuern stieg. Keiner von meinen Schulgenossen hatte einen solchen Bruder, und wenn ich, dann, als er sich zur Rast eingerichtet hatte, mit ihm durch die Straßen ging, schwoll ich vor Stolz.

Er erzählte. Er sagte »Hamburg«, und die Küche war voller Möwen und Schiffe. Die Elbe zog gelassen und mächtig durch das Flachland dem Meere zu. Gellend schrien die weißen Vögel; die Schiffe riefen. »Köln«, sagte er, und ein Turm wuchs von der Erde empor in den Himmel über dem Rhein. Er sagte »Zürich«, und Licht füllte die

Schale des Sees bei der sonntäglich aufgeräumten Stadt. Er warf Namen wie Früchte auf den Tisch, lautlos rollten sie über die glänzende Decke von Wachstuch; ich fing sie auf und verzehrte sie begierig, schon auf die nächste wartend. Brüssel, Antwerpen, Rotterdam – ah, wie sie schmeckten. Mein Bruder hatte geerntet, und ich genoß, was er austeilte. Mein Vater sagte manchmal: »Nein, so ein Junge . . .«; er war nie weiter gekommen als von seinem nahen Heimatdorfe in unsere nahe Stadt, er war immer ein Bauer geblieben. Meine Mutter hörte ihm ruhig zu, während sie das Essen für den nächsten Tag fertig machte, weil sie Wäsche für fremde Leute wusch. Sie war ruhig, sie kannte die Schatten zu diesem Licht, das mich blendete. Ich kannte sie noch nicht, ich verschlang nur das Licht, und der lautlose Schnee vor den Fenstern schien mit Verheißung gefüllt, mit flüsternden Stimmen: Komm.
Nach ein paar Abenden war er zu Hause, als sei er immer hier gewesen. Doch alles hatte sich geändert, auch für meine Eltern; sie hatten einen Esser mehr, und er brauchte einen Platz zum Schlafen. Ich konnte nur noch auf der Bank mit den Waschschüsseln zwischen Schrank und Wand sitzen. Er war ihr Sohn und der Bruder meiner Geschwister, er gehörte zu uns; aber vor allem war er mein Bruder, heimgekommen für eine Zeit der Rast, und wenn sie zu Ende wäre, würde er wieder

aufbrechen, und dann, wenn er zurückkäme – aber wann würde das sein? »Afrika«, sagte er zu mir, »ich will Afrika sehen, den Nil, die Pyramiden, ich habe schon Adressen in Alexandria«; und ich öffnete den Schulatlas und betrachtete den Erdteil, der wie eine riesige Traube im Blau des Meeres hing, voll von geheimnisvollen Schreien. »Sag keinem etwas«, sagte er zu mir, »die Mutter braucht es nicht zu wissen, sie macht sich dann nur Sorgen.« Ich war sein Vertrauter, er konnte sich auf mich verlassen. Es würde Afrika sein. Er würde die große Traube schon auspressen. Ah, mein Bruder, Wanderer und Arbeiter in den Gefilden der Welt. Er war so anders als alle. Doch jetzt arbeitete er in einer Sägemühle, um Kost und Logis bei uns zu verdienen.

Das Licht kam aus dem Winter hervor, das Eis auf dem Teich trug unseren Flug auf Schlittschuhen nicht mehr, die Krähen verloren ihre Schwärze; und plötzlich leuchtete das Blau, das wir im Winter beinahe vergessen hatten, wieder durchsichtig rein. Der Frost verließ die Baustellen, und mein Bruder arbeitete nun als Zimmermann. Abends kam er nach Hause, wusch sich und aß; dann zog er sich um und ging fort, wie meine anderen Brüder, um spät zurückzukommen. Ich schlief in der Küche, und manchmal hörte ich ihn behutsam die Tür aufschließen. Wohin ging er? Das Frühjahr ist gekommen, mein Bruder, die Amseln und

Rotkehlchen sind schon in den erwachenden Gärten. Es ist Zeit für Afrika. Aber er ging nicht.
Der gewundene Ziegenhainer stand in der Ecke, und ich nahm ihn manchmal mit zum Spielen auf die Straße. Das große Taschentuch lag geplättet und zusammengefaltet im Schrank. Die Schaftstiefel waren geputzt und mit Papier ausgestopft und warteten auf seinen Schritt. Ich wußte, weshalb er nicht ging, und wußte es früher als die anderen zu Hause. Ich hatte ihn gesehen, eines Abends, als ich vom Zeitungstragen zurückkam. Er stand vor einem Geschäft und wartete auf jemanden, und als der Rolladen herabgelassen worden war, kamen ein paar junge Mädchen heraus, und eine von ihnen ging auf ihn zu; Arm in Arm gingen sie fort. Sie sahen mich nicht, aber ich sah sie beide; ich hörte ihr Lachen, und ich sah ihre frohen Gesichter. Ich hatte auch meine anderen Brüder mit ihren Mädchen gesehen, aber sie waren nicht Artur. Sie waren seßhaft, keiner von ihnen war er, der kühne Vogel, der nur zu Besuch kam, um wieder fortzufliegen und Städte und Flüsse zu sammeln. Und als ich sie beide sah, wurden die Früchte der Ferne bitter; und sie zerfielen zu Staub, als mein Bruder eines Abends, als wir alle aßen, sagte: »Mutter, ich werde heiraten; nächsten Sonntag, wenn es euch recht ist, bringe ich Gertrud mit nach Hause.«
Afrika gab es nicht mehr, nicht die Ebenen ohne

Grenzen und ihre Städte wie mächtige Bienenstöcke, und der Schrei der Möwen über den langsamen Wassern der Elbe war verstummt. Die Früchte der Ferne rollten nicht mehr über den Tisch, um von mir heißhungrig aufgefangen zu werden. Ich verkroch mich für Tage.
Ja, sie kam zu uns. Sie wurde willkommen geheißen, und sie wurde die Tochter meiner Eltern, denn sie hatte keine mehr. Sie heirateten, und ich saß in der Kirchenbank, als sie getraut wurden; ich sah meinen Bruder im dunklen Anzug, in dem er sich nicht wohl fühlte. Nach der Trauung gingen wir alle in ihre neue kleine Wohnung; dort feierten wir. Der Vogel hatte ein Nest gefunden und dachte nicht mehr ans Fliegen. In den weiten schwarzen Hosen und im Hut mit der wippenden breiten Krempe sah ich ihn nie wieder, und nie mehr erhielt ich die Früchte, die so herb und köstlich schmeckten.
Aber ich sah ihn dann in anderen Sachen als denen des fremden Zimmergesellen, der ein Gast der Städte, ein Wanderer auf den hellen Bändern der Landstraße war; und da war Sommer. Wir alle sahen ihn, von den Fenstern unserer Wohnung, als das Regiment unserer Stadt ausmarschierte in den Krieg. Es war Krieg, und die Frauen wußten eher als die Männer, was das war. Ich rannte den Trommeln nach und sah die Schlegel auf die dunkle Mitte des Trommelfells wirbeln und hörte

die Stimmen von Unteroffizieren verkünden, daß Krieg sei. Meine Mutter, meine Schwester, die Frau meines Bruders, unsere Nachbarn standen an den Fenstern, und wir hörten die strahlende Musik, die in unsere Straße einbrach, und wir sahen die Fahne der grauen Kolonne voraus. Blumen leuchteten an den Mündungen der Gewehre, als ginge es zu einem Kinderfest, und das Schluchzen der Frauen hörte man nur hier oben. Unten war der mächtige, rauschende Schritt, der alles fortriß.

Wir sahen ihn, meinen Bruder, wir sahen sein Gesicht, das die Fenster unseres alten Hauses absuchte, es leuchtete empor, und als er uns fand, winkte er, und ich sah, wie er zurückzusehen versuchte, den Gleichschritt verlor, und wie er sich dann wieder einfügte in das Stampfen der Schritte, in ein Rauschen, mächtig, wie von Laub, das auf der Erde liegt und aufgewühlt wird. Und wir sahen ihm nach. Es war August, der schöne Sommer des Jahres 1914. Im Winter war er gekommen, wie ein Vogel, der für kurze Zeit rasten will; und im Sommer ging er, doch anders als er es wollte. Er verließ sein Nest.

Und ich flog die Treppen hinab und drängte mich durch die singenden und weinenden Massen wie durch dichtes Unterholz, das mich aufhalten wollte, ich preßte und zwängte mich durch Rausch und Trauer, wissende Stille und ahnungsloses Lachen, und ich rief: »Mein Bruder!«, und sie sagten: »Der kleine Hecht will auch in den Krieg.« – »Was?« – »Wen?« – »Mein Bruder!« Und ich fand ihn, ich schrie: »Artur, Artur!« Er sah mich, er lächelte und winkte mir zu, in neuer grauer Uniform mit dem Helm unter dem grauen Tuch und in gelben neuen Stiefeln. Doch die guten Stiefel des Wanderers standen bei ihm zu Hause. Ich ging neben ihm, barfuß, ich versuchte Schritt zu halten mit ihm und allen, fiel aus dem Schritt heraus und streckte mich; so gingen wir zum Güterbahnhof, und er rief: »Grüß alle!« Dann verschwanden sie. Später rollte der Zug singend davon; aber ich sah ihn nicht mehr. Aus der Ferne war er gekommen, mein Bruder, der Wanderer, doch nicht zur Winterrast. Wer hatte ihm auf der Landstraße gesagt, daß er kommen sollte, um sich noch einen Augenblick lang des Glücks zu versichern, das Glück zu umarmen, als wüßte er, daß er es nicht lange besitzen würde. Er kam aus der Ferne zurück, die er liebte, und Ferne, die er nicht wollte, nahm ihn fort. Ihre Vögel schrien anders; ihr Himmel glühte von anderen Morgenröten; ihre Nacht hieß nicht immer Schlaf und selten Wiedererwachen.

Douaumont ist ein Name, der kaum noch jemandem etwas sagt; die Zeit hat kein Gedächtnis. Andere Namen haben sich wie Erde und Laub darüber gelegt, aber ich kann das alles wegräumen, und der Winter kommt zurück, das Klopfen an die Tür, das Erscheinen des Wanderers, der Namen wie Früchte fallen ließ, und ich verzehrte sie voller Durst. Der Sommer kehrt wieder, das Wehen der Fahne, deren Träger der erste Tote unserer kleinen Stadt war, das Rauschen der Schritte wie ein gewaltiger Wind ohne Sinn und Richtung, in dem mein Bruder sich erhob zu letztem Flug.

Die Kerze

Ja, daran erinnerte sich der Mann nach vielen Jahren in dieser Sommernacht: an das Licht einer Kerze. Ganz deutlich sah er, wie jemand nachts, als er nicht schlafen konnte, aufstand und diese Kerze auf dem schmalen Nachttisch neben seinem Bett anzündete. Dieser Jemand war er selber gewesen, das heißt, er vor vielen Jahren. Jetzt, da er sich daran erinnerte, wunderte sich der Mann, wo eigentlich die Grenze zwischen dem Augenblick der Erinnerung und jenem Augenblick sei, in dem die Kerze angezündet wurde, von der Hand eines zehnjährigen Jungen; so deutlich sah er das Licht, so genau bemerkte er, wie es das Zimmer langsam aus der dichten Nacht herausnahm.
Wie es dazu kam, daß er sich erinnerte, wußte der Mann selber nicht. Vielleicht war es ein erleuchtetes Fenster gewesen, das er, spät nachts auf dem Wege nach Hause, gesehen hatte. Vielleicht führte von diesem Augenblick eine unsichtbare Spur zu dem Blatt, das auf seinem Tische lag und auf das er etwas geschrieben hatte. Das tat er oft; Sätze, die er irgendwo las und die ihn trafen, die ihm bemerkenswert erschienen, schrieb er auf kleine Blätter ab, die er dann auf seinem Tisch gegen ein paar Bücher stellte. Der Satz nun, der möglicherweise mit dem Auftauchen dieser Erinnerung zu tun hatte und auf den nachts sein Blick

fiel, während er am Tisch saß, um eine letzte Pfeife zu rauchen und einen letzten Whisky zu trinken, dieser Satz hieß: Es ist besser, eine einzige, die kleinste Kerze anzuzünden, als die Dunkelheit zu verfluchen. Er hatte darunter geschrieben: Chinesisch. Jedenfalls erinnert er sich ganz erstaunlich deutlich an jene Nacht, als wären seitdem nicht Tausende von Nächten und Sommernächten vergangen.

Der Junge lag nachts allein in seinem Zimmer. Daß er allein schlief, war erstaunlich; es war etwas völlig Neues in seinem Leben. Im Mai nämlich waren sie aus der uralten Stadtmitte an den nördlichen Rand der kleinen Stadt umgezogen. Es war ein großes, altes Haus, in dem viele Mieter lebten, fast wie eine Burg, und sie wohnten im obersten Stock. Das Zimmer, in dem der Junge schlief, war eher ein Verschlag, eine halbe Treppe über der Wohnung gelegen, und der Mieter, der oben wohnte, bekam es als Zuschlag zur Wohnung. Die Mutter des Jungen, die sich auf Versprechungen von Leuten verstand, hatte gesagt: »Also leerstehen kann die Kammer nicht, sonst wird sie uns wieder weggenommen. Wir stellen ein altes Bett hinein, und Walter schläft drin, bis wir's mal vermieten.« Er hatte sich zuerst gewehrt, er wollte nicht allein schlafen. Aber jetzt hätte ihn keiner mehr aus dem kleinen Raum herausgebracht, er war ihm sein ein und alles. Seine Brüder nannten ihn Walter, den Untermieter. »Unser Untermieter kommt«, sagten sie, »wie geht's, Herr Untermieter?« Aber Otto, der Modelltischler, hatte ihm doch einen kleinen Tisch gemacht und ihn gebeizt, so daß man die Maserung sehen konnte, und auch einen Nachttisch, und seine Mutter hatte von einer ihrer Aufwartungen einen alten Läufer mitgebracht, den sie geschenkt bekommen hatte. Licht war nicht in der Kammer, er mußte eine Kerze benutzen, die er auf eine Untertasse stellte.

Der Junge lag nun nachts im Dunkel dieser Kammer. Er hatte geschlafen und war aufgewacht. Zuerst drückte der Schlaf noch seine Augen, als fühlte er Sandkörnchen; aber dann war er wach, und er lag, ohne sich zu rühren, in der schwarzen Stille. Er konnte die Gegenstände im Raum nicht sehen, aber er wußte genau, wo alles stand: der Tisch, der Stuhl, auf den er sorgsam seine Sachen gelegt hatte, der Waschständer; und auf dem Tische lagen alle die Dinge, die er jeden Abend aus seinen Hosentaschen herausnahm: das Taschenmesser, an dem die eine Hälfte der Perlmuttschale fehlte, ein Knäuel Bindfaden, ein Bleistiftende, ein paar kleine, schön geflammte Glaskugeln, die er besonders gern hatte. Daneben hatte er seine Flöte gelegt, die er am Nachmittag aus einem Weidenzweig geschnitzt hatte; er war mit den anderen Jungen hinausgegangen, um in dem

kleinen Fluß zu schwimmen, und dann hatten sie im Gras gelegen. Er konnte das alles im Dunkel deutlich sehen.
Und so deutlich sah auch der Mann nach vielen Jahren alles wieder. Er sah alle Gegenstände, die ihm damals so viel bedeutet hatten, und er hätte gern auf der Weidenflöte gespielt; aber er wußte auch, daß das Haus schlief. Er sah auch die Karte der Welt, die er in einem Haufen Altpapier gefunden und über dem Bett an die Wand geheftet hatte; und er wußte, er wußte ganz einfach, was er gedacht hatte, wenn er die Karte ansah, ehe er nachts die Kerze auslöschte. Er konnte den Jungen, der er gewesen war, denken hören: Ich werde alles sehen. Ich werde durch alle Länder reisen. Ich werde auf allen Flüssen fahren. Ich werde in allen Städten wohnen. Ich werde viel mehr sehen als mein Bruder Artur, der fremde Zimmergeselle in schwarzem Hut und weiten schwarzen Hosen. – Es war der Mann als Junge, der, in der Dunkelheit liegend, die Formen der Erdteile genau sehen konnte; die großen hängenden Trauben von Afrika und Südamerika im tiefen Blau der Ozeane zum Beispiel.
Ruhig lag der Junge in seinem Bett. Er wußte nicht, wie spät es war, er hatte keine Uhr in seiner Kammer; aber es mußte tief in der Nacht sein, weil es so still war. Auch das Haus schlief nun, und es dauerte doch immer lange, bis das große,

alte Haus jeden, der darin wohnte, unter seinem Dach wußte.

Der Junge hörte die Sommernacht. In der Stille war ein leise bebender Ton, als summte die Nacht, kaum hörbar, vor sich hin. In den verlassenen Gärten flüsterte es, und dann, jäh, zerriß die Stille, als ein Busch oder Baum rauschend erwachte; vielleicht war es eine Katze oder ein anderes Tier, das einen Vogel überfallen hatte; und der Junge fuhr im Schlaf empor und lauschte. Jetzt war er ganz wach.

So war es, sagte der Mann, der sich erinnerte, zu dem Jungen, der sich aufgerichtet hatte; und jetzt stützte er seinen Kopf auf einen Arm und lauschte. So war es, sagte der Mann, du warst ganz wach, und du hörtest die Nacht, und du hattest Furcht, du warst plötzlich völlig allein in der Dunkelheit voll merkwürdiger Laute und Töne. Woher kamen sie? Du lauschtest, und dann standest du auf. Du gingst zum Tisch – du wußtest genau, wo er stand, du würdest ihn nie verfehlen – und du fandest die Schachtel mit Streichhölzern. Jetzt zündest du eins an. Jetzt gehst du zurück zum Nachttisch und zündest die Kerze an. Die kleine Flamme wächst schnell, sie steigt und flackert, der Atem der Nacht trifft sie; oder ist es dein Atem? Dann wird die Flamme ruhig, und ihr Licht holt den Raum langsam aus der Nacht heraus, es grenzt ihn gegen die Finsternis ab. So ist es. So war es.

So war es. Und jetzt, als der Junge neben der Kerze stand und mit völlig wachen Augen die kleine Flamme wie eine zitternde Pfeilspitze mit einem dunklen Kern sah, hörte er in der Nacht einen anderen Ton. Dieser Ton war schon immer dagewesen, aber er war Teil aller Laute der Nacht gewesen. Jetzt löste er sich davon, und jetzt hörte der Junge diesen langsam rollenden Ton. Er wußte, was es war. Die Züge.

Er ging zum offenen Fenster und fühlte den Atem der Nacht an seinem nackten Körper unter dem Hemd, beinahe wie eine Zunge, die sanft über ihn hinstrich.

Er sah von der Höhe seiner Kammer wie von einem Turme in die Nacht hinaus. Die Züge. Nicht gewöhnliche Züge. Transportzüge, gefüllt mit Soldaten, beladen mit Geschützen unter Planen, Bagagewagen, Pferden. Tag und Nacht rollten sie nach Westen.

Am Tage sahen wir sie, dachte der Mann, der sich erinnerte, wir Jungens; im Sommer 1914. Wie Hunde umkreisten wir sie, wir hingen am Gitterzaun des Güterbahnhofes, wir suchten nach einem Loch, um den Zügen nahezukommen, damit wir Wasser für die Soldaten holen konnten. In einem dieser Züge war mein Bruder Artur, ein Wanderer, nach Westen gefahren, in einer funkelnagelneuen grauen Uniform, den Helm von grauem Tuch bedeckt. So war mein Bruder Otto nach Osten gefahren; aber den Zug sah ich nicht, sie fuhren von einem anderen Bahnhof ab. Jetzt glitten die Züge langsam durch die Nacht. Das Rollen der Züge war die wirkliche Stimme der Sommernacht. So war es.

So war es. Der Junge stand am Fenster und lauschte. Jetzt verstummte der rollende Ton. Die Wagen stießen aneinander, und die Bewegung setzte sich durch den ganzen Zug fort, bis zum letzten Wagen. Dann war Stille. Er hörte das Keuchen der Lokomotive. Jetzt sah der Junge, über die in der Nacht ruhenden Gärten hin, wie eine Lampe geschwenkt wurde, und ein Pfiff hallte, der von einem anderen Pfiff aus der Tiefe der Nacht beantwortet wurde; der Zug wurde rangiert.

Warum der Junge es tat, wußte er nicht. Er trat in die Kammer zurück, löste die Kerze von der Untertasse, ging wieder zum Fenster; und nun, am offenen Fenster stehend, bewegte er die Kerze langsam im Bogen hin und her. Die Flamme zuckte und wand sich, aber sie erlosch nicht. Er bewegte sie hin und her, langsam, und das Licht beschrieb einen Bogen, es stieg und sank. Dann hielt er die Hand vor die Flamme und sah hinaus in die Tiefe der Nacht, deren Atem das Keuchen der Lokomotive war; und jetzt sah er, wie dort draußen, wie an den Grenzen der Nachtwelt, ein Licht langsam hin und her geschwenkt wurde. Es mußte eine Taschenlampe sein. Ein Soldat mußte auf dem Dach eines Güterwagens sitzen oder auch auf einem der Wagen mit Geschützen und eine Taschenlampe schwenken, in einem langsamen Bogen, und das Licht stieg und sank und kehrte zurück wie nun wieder das Licht der Kerze. Und jetzt erhob sich ein heiserer Pfiff, der die Nacht bis zu ihren Grenzen durchbohrte und von dort wieder zurückkam, und der Zug setzte sich langsam in Bewegung; langsam fuhr er davon. Der Junge bewegte die Kerze immer wieder, und aus der rollenden Nacht kam der steigende und sinkende Bogen des fernen Lichtes, wandernd nun, langsam, sich entfernend, schwindend nun mit einem letzten fernen Leuchten. Dann war die Nacht wieder dicht und fest, der Ton des fahrenden Zuges verschwebte. Der Junge trug die Kerze zurück, ließ ein paar Tropfen flüssigen Wachses auf die Untertasse fallen und stellte die Kerze hin. Dann legte er sich wieder hin. Jetzt, merkwürdigerweise, hatte er keine Furcht mehr. Nach einer Weile blies er die Kerze aus. Dann schlief er ein. Daran erinnerte sich der Mann nach vielen Jahren, in dieser Sommernacht, fern von dem Lande, in dem er seine Kindheit verbracht hatte. Warum habe ich das damals getan? dachte der Mann, ich muß mir dabei doch etwas gedacht haben; aber er wußte es nicht. Wollte ich ein Zeichen geben? Wollte ich jemandem sagen: Ich bin hier? Aber wem? Und jemand gab Antwort. Aber wer? Er wußte es nicht. Doch noch jetzt, in dieser Sommernacht, nach so vielen Jahren, machte es ihn froh, daß er in jener Nacht die Kerze angezündet und geschwenkt hatte. Es machte ihn froh, und er wußte nicht, warum.

Genesung eines Pferdes

Mit geschlossenen Augen hätte ich den Weg finden können, so oft schon war ich ihn gegangen; und manchmal schloß ich die Augen auch, nur um zu sehen, ob ich den Weg nicht verlor. Natürlich nicht lange, dazu war der Henkeltopf mit dem, was darin war, viel zu kostbar, und ich wollte lieber doch nicht gegen einen Telegraphenmast anrennen. Jeden Mittag brachte ich meinem Vater das Mittagessen. Im Topf die dicke Suppe, im Handkorb das Brot und die blaue Emailleflasche mit Kaffee; und den Löffel im zweiten Knopfloch meiner Jacke. Niemand brauchte zu fragen, wohin ich ging; wenn Topf und Korb es nicht sagten, der Löffel erklärte es.

Zuerst die lange Luisenstraße entlang, immer am Zaun, der die Straße von den Gleisanlagen trennte, dann die Eisenbahnstraße hinab, nach links durch die Bahnunterführung zur Teichstraße, die am Gotthardtsteich entlanglief und dann bis zur alten Scheune; die Tür geöffnet, durch den Hof mit Wagen, Bauholz, Fässern, Leitern zum Stall in der Mitte des Gebäudes. Das Baugeschäft, in dem mein Vater seit Jahren Fuhrmann war – für mich war er immer dort gewesen – hatte sechs Pferde; zwei davon hatte mein Vater; es waren unsere Pferde. Wenn mein Vater da war, stand die Stalltür offen, und ich konnte ihn auf einer niedrigen Kiste sitzen sehen; er wartete auf mich, und jedesmal, wenn ich eintrat, sagte er: »Na, da bist du ja, Kleiner«, und ich sagte: »Guten Tag, Vater«, und gab ihm Topf und Löffel. Den Korb mit Brot und Flasche stellte ich zu seinen Füßen hin. »'s ist Erbsensuppe heute«, sagte ich. Ohne Zögern fing er an zu essen, während ich im Hofe nach passenden Hölzern suchte; zu der Zeit war ich der beste Dolchschneider in der ganzen Straße. Mein Taschenmesser war sehr gut, und ich schärfte es immer ordentlich; mein Bruder Otto, der Modelltischler, hatte es mir geschenkt, als er von zu Hause weg mußte. Wenn ich den leeren Topf neben meinem Vater auf dem Boden stehen sah, wußte ich, daß er fertig war, und packte alles zusammen und ließ meinen Vater allein, der seinen Kopf gegen die Wand lehnte, um ein Nickerchen zu machen; und ich ging den gleichen Weg zurück nach Hause. Wenn mein Vater nicht da war mittags, öffnete ich die Futterkiste, drückte den Topf in den Hafer, damit das Essen warm blieb, und stellte Korb und Flasche daneben, daß die Mäuse im Stall nicht daran konnten.

So ging ich den gleichen Weg mittags fast jeden Tag, auch an Samstagen; dann kehrte ich die Straße. Aber ich war den vertrauten Weg noch nie abends gegangen, und das tat ich an diesem Abend, natürlich nicht allein, ich ging mit meinem Vater, der noch einmal nach Hans sehen wollte; eins seiner Pferde war krank. Sie hießen Hans und Fritz, und so hatten auch die beiden Pferde geheißen, die mein Vater gehabt hatte, ehe sie ihm bei der Musterung im vorigen Sommer genommen worden waren. Das war für meinen Vater ein schwarzer Tag gewesen, fast so schlimm wie die Tage, als meine beiden ältesten Brüder einberufen wurden. Daß die Jungens gleich geholt wurden, damit hatten wir gerechnet, aber daß sie auch mit den Pferden so schnell bei der Hand waren, das verstanden wir nicht, und das nahm mein Vater Wilhelm persönlich übel. So wurde der Kaiser bei uns zu Hause genannt, und die Kaiserin hieß Augusta Victoria, aber wir machten es kürzer und nannten sie Auguste. Wir hatten den Kaiser nie gesehen, aber er hatte unsere Jungens und die Pferde geholt, um einen kurzen und siegreichen Krieg zu führen, der nun schon ein Jahr dauerte und nicht von der Stelle kam. Daß die Jungens Weihnachten nach Hause kämen, davon war nicht mehr die Rede. Und jetzt war Hans krank, einer der Braunen, die der alte Graul, der Besitzer des Baugeschäftes gekauft hatte, als die anderen Pferde geholt worden waren.

An dem Abend also kam mein Vater viel später als sonst nach Hause. Das war schon ein schlechtes Zeichen, und wir hatten mit dem Abendbrot nicht auf ihn gewartet.

»Wie geht's denn Hans?« fragte meine Mutter, als er zur Tür hereinkam.
»Der Veterinär war da und hat ihm wieder eine Spritze gegeben. Ich muß noch mal in den Stall und eine Weile bleiben. Vielleicht hilft's.«
»Aber du bleibst doch nicht die ganze Nacht?«
»'ne Stunde vielleicht.«
Dann zog er seine Jacke aus, wusch Hände und Gesicht und setzte sich auf seinen Stuhl, um zu essen.
»Artur hat geschrieben«, sagte meine Mutter.
»Was schreibt er denn?«
»Sie sind mal wieder aus dem Schlamassel raus, aber sonst geht's ihm gut.«
Mein Vater hob und senkte den Löffel regelmäßig, als schlage jemand dazu den Takt, und nur als er sagte: »Man weiß eben nie was Genaues, was da draußen passiert, der Junge von Forkerts Karl ist auch verwundet worden«, wurde dieser Takt unterbrochen.
»Schwer?« sagte ich, »hat er einen Heimatschuß?«
»Dem werden sie was prosten«, sagte mein Vater, als er den Teller bis zum Grunde ausgelöffelt hatte, und kleine Schweißperlen standen ihm auf der Stirn. »Dem hat einer den linken Daumen weggeschossen.«
»Wie nur so was passiert«, sagte meine Mutter, »willst du noch einen Teller voll?«
»Lieber nicht«, sagte mein Vater, »ich mache mich

lieber gleich wieder auf die Socken, es läßt mir keine Ruhe.«
Ich hatte längst etwas sagen wollen, aber ich sagte es erst jetzt, als mein Vater aufstand, kräftig aufstieß und die Jacke anzog: »Kann ich nicht mitkommen, Vater?«
»Was willst du denn noch so spät auf der Straße?«
»Wann mußt du denn morgen in die Schule, Stöpsel?« sagte meine Mutter.
»Um zehn.«
»Was meinst du denn, Vater?«
»Na ja, meinetwegen.«
Ich zog meine Jacke an, und wir gingen die Treppe hinunter. Das Haus brodelte vom Leben des Abends wie ein Topf auf schwachem Feuer. Aus dem dritten Stock fielen keifende Frauenstimmen, eine junge und eine ältere, auf uns herab; die tiefere Stimme eines Mannes trieb sie auseinander. »Da ist wieder mal was gefällig«, sagte mein Vater.
Als wir das Haus verließen, kam uns die dunkle warme Septemberluft entgegen. Wir gingen die Luisenstraße am Zaun entlang, und wir hörten das gleichmäßige langsame Rollen eines Güterzuges und sahen auf den Wagen die Schatten von verdeckten Geschützen und Soldaten. Der Zaun trennte uns von ihnen, als gehörten sie zu einer anderen Welt. Auf unserer Seite standen die Häuser der Luisenstraße und anderer Straßen, und

dahinter lagen die Gärten und Ackerflächen; und ich dachte, was die Feldgrauen sich wohl dächten, wenn sie die freundlichen Lichter in den Häusern sahen.

»Artillerie«, sagte ich, »die fahren nach Westen.«
»Da ist wieder mal was los«, sagte mein Vater. »Das dauert noch lange, das sage ich dir, Kleiner, und die holen mich auch noch, wenn's so weitergeht.«

Woher wußte mein Vater, daß es noch lange dauerte? Aber wenn er das Wetter so genau voraussagen konnte, wußte er das sicher auch. Und wir hörten das gleichmäßige Rollen des Zuges, als wir durch die Unterführung gingen; und mein Vater ging nun so schnell, daß ich neben ihm her traben mußte.

Er schloß das Tor der Scheune auf, wir durchquerten die stumme Dunkelheit des Hofes, die von Fledermausschatten durchzuckt wurde, wir traten in den finsteren Stall ein, und mein Vater zündete die Stallaterne an, die er vom Nagel am Mittelbalken genommen hatte. Ihr Licht warf die Dunkelheit in mächtigen Schüben hin und her, und unsere Schatten tanzten unruhig, bis die Laterne wieder am Nagel hing und das Licht sich beruhigt hatte. Fritz drehte langsam seinen Kopf zu uns, und der Schein der Lampe glänzte in seinen Augen.

»Der ist in Ordnung«, sagte mein Vater, »aber der

hier – Hans«, und er fuhr mit der Hand über die linke Hinterbacke des Pferdes; dann ging er durch das Stroh zu ihm hin. »Na, wie geht's? Wieder nicht gefressen?«, und ich sah, wie die Hand meines Vaters den großen, stummen Kopf streichelte. »'s wird schon werden«, und der Kopf des Pferdes neigte sich langsam der braunen Hand entgegen. Ich hatte die Hände meines Vaters nie blaß gesehen; sommers wie winters waren sie tiefbraun.

»Schlechter geworden ist's jedenfalls nicht«, sagte mein Vater. Er nahm die Mütze ab und hängte sie an einen Nagel. Dann setzte er sich auf die niedrige Kiste. »Du kannst dich ins Heu legen, jetzt müssen wir eben ein Weilchen warten.«

Ich ging zu dem Heuhaufen, der zwischen der Futterkiste und der Wand lag, die lange nicht mehr geweißt worden war und nun rissig, fleckig und überall von Fliegenvölkern bekleckert war, und ich setzte mich in das Heu, mit dem Rücken gegen den Hügel, aus dem ein trockener, starker Duft kam.

Noch nie war ich so spät im Stall gewesen, und alles war mir sonderbar still und fremd, obgleich von überallher wispernde und flüsternde Laute und Geräusche kamen. Ich sah die beiden Pferde im Stroh stehen, und Fritz, das gesunde, schüttelte manchmal den Kopf und schlug mit dem Schweif, und das Stroh raschelte, wenn es einen

Fuß bewegte; Hans stand ganz ruhig, den Kopf
gesenkt. Ihr Geschirr hing links und rechts bei
ihren Verschlägen, und das gelbe Licht der
Lampe lag ruhig auf den blanken Messingbeschlägen. Ich sah meinen Vater an. Er saß auf der
niedrigen Kiste und bewegte sich nicht. Er hatte
die Arme über der Brust gekreuzt, den Kopf
gegen die Wand gelehnt und blickte vor sich hin;
dann, langsam schlossen sich seine Augen, er
schlief ein, und sofort fing er leise zu schnarchen
an. Ich fühlte mich nicht so allein, weil ich das
Schnarchen hörte.

Ich hatte noch nie einen Abend an einem anderen
Orte als zu Hause in der Küche verbracht. Da
stand die alte bequeme Petroleumlampe auf dem
Tisch, die meine Mutter von ihrem Dorfe mitgebracht hatte; und plötzlich hatte ich Sehnsucht
nach allem, was zu Hause war, nach meiner Mutter, nach dem Tisch mit der Wachstuchdecke, den
Stühlen, dem Ofen, der Kiste für die Briketts, und
mir war, als wäre ich unendlich weit fort von zu
Hause. Und jetzt, wie ich so ausgestreckt in der
Heumulde lag, hörte ich, wie merkwürdig belebt
die Stille war; von überallher kamen Laute und
Töne, fein, kaum hörbar, und doch waren sie da.
Ich hörte ein leises Tschilpen und blickte empor,
und ich sah das Schwalbenpärchen; von dorther
kam der schwache Laut, als hätte eine der Schwalben geträumt. Ich hörte es wispern und flüstern,

dicht neben mir, unter der altersgrauen Futterkiste; das waren die Mäuse; und jetzt huschte eine Maus über die Steine und verschwand im Stroh, und das Stroh raschelte schnell und wurde wieder ruhig. Zum ersten Mal ahnte ich, daß es verschiedene Arten von Nacht gab, und jede hatte ihre besondere Stille. Wenn ich zu Hause nachts aufwachte, hörte ich die ruhigen Atemzüge meiner Eltern, meines Bruders und meiner Schwester, und sie waren eingebettet in dunkle Leere oder in das langsame, stete Rollen der Transportzüge; und wenn ich wieder einschlief, fühlte ich mich sicher. Die Nachtstille im Stall war ganz anders, mit anderen Lauten gefüllt. Ich verhielt mich ganz still, um meinen Vater nicht zu wecken. Das Heu knisterte, wenn ich mich vorsichtig bewegte, und der trockene, scharfe Duft stach mir in die Nase. Meine Augen wurden schwer, ich wurde in die Nachtruhe aller Dinge hineingezogen, die zugleich ein flüsterndes, wisperndes Leben war.
Und plötzlich schienen alle Laute, alle Geräusche innezuhalten, mein rascher Herzschlag wurde lauter als alle und alles, was im Stall schlief, hielt den Atem an, ausgenommen mein Vater, der leise schnarchend schlief. Ich hörte Schritte im Hof. Sie kamen näher und auf den Stall zu, sie zogen mich empor, mein Gesicht wurde naß, ich stand bei der Futterkiste.
»Da kommt einer«, sagte ich, und mein Vater

wachte auf, er verschluckte sein letztes Schnarchen; und jetzt hörten wir eine Stimme rufen: »Hermann?«
Mein Vater stand auf und öffnete die Tür. Die noch immer warme Nacht floß herein, das Licht wurde unruhig und ließ die Schatten tanzen, und mit dem Schwall der Nachtluft kam ein großer, dicker Mann herein; der alte Graul; aber so nannten wir ihn nur zu Hause. Mein Vater redete ihn mit Herr Graul an, während der alte Graul meinen Vater Hermann nannte.
»Guten Abend, Hermann.«
»Guten Abend, Herr Graul.«
»Ich sah das Licht im Stall und dachte, es wäre was mit Hans passiert. Was machst du denn so spät hier?«
»'s hat mir keine Ruhe gelassen, nach der Spritze.«
»Du und deine Pferde«, sagte der alte Graul.
»Jawohl«, sagte mein Vater; und der alte Graul hatte recht, mein Vater ohne seine Pferde, das wäre nichts gewesen; sie gehörten zusammen.
»Wie steht's denn?« sagte der alte Graul, und er trat zu Hans hin und fuhr ihm über die linke Hinterbacke.
»'s ist nicht schlechter geworden.«
»Hoffen wir's. Das ist ein gutes Pferd, und sie werden immer knapper.« Dann setzte er sich auf die Kiste und holte aus der Brusttasche ein Zigarrenetui heraus. »Hier, nimm eine«, sagte er, und

mein Vater zog eine dunkle, lange Zigarre heraus und sagte: »Die heb ich mir lieber für den Sonntag auf.«

»Na, dann nimm noch eine«, und mein Vater und der alte Graul bissen die Spitzen von ihren Zigarren ab und spuckten sie aus, und mein Vater gab dem alten Graul zuerst Feuer.

»Die ist gut«, sagte er.

»Die muß auch gut sein, echte Havanna«, sagte der alte Graul, »die rauche ich auch nicht jeden Tag«, und dann fragte er, wie's mir ginge – »sieh da, da ist ja auch Walter, na, wie der Junge wächst« – und wie es Mutter ginge und was für Nachrichten wir von Artur und Otto hätten, denn der alte Graul kannte uns alle; auch meine Brüder hatten schon meinem Vater das Essen gebracht. Dann sprachen sie von der letzten Ernte und vom Kriege und daß er bald zu Ende wäre; und ich lag wieder im Heu, ich hörte die Stimmen der beiden, und wenn sie schwiegen, hörte ich die wispernden Stimmen der Nacht im Stall. Und dann hörte ich, wie Hans leise schnoberte, die Kopf in die Krippe beugte –

»Er frißt wieder«, rief ich und sprang auf. »Er wird wieder gesund.«

Der alte Graul stand schwerfällig auf, und er und mein Vater traten ein paar Schritte näher.

»Na, das ist gut«, sagte er, »er hat wieder Appetit.«

»Er ist übern Berg«, sagte mein Vater, und wir

standen alle drei eine Weile und hörten, wie Hans im Hafer schnoberte und wühlte und malmte; es schmeckte ihm wieder; und als dann mein Vater mit der Hand über die Hinterbacke fuhr, wandte er den Kopf langsam zu meinem Vater.
»Gottseidank«, sagte mein Vater, »'s war eben doch nicht das Richtige, nur mit einem Pferde.« Es war wirklich nur eine halbe Sache gewesen, und jetzt war mein Vater wieder ganz.
»'s ist alles wieder in Ordnung, Herr Graul«, sagte mein Vater, »nun können wir ihn allein lassen.«
Er löschte die Lampe aus, und wir traten in die Nacht des Hofes hinaus und ließen die Nacht des Stalles mit ihren wispernden Stimmen zurück.
»Also gute Nacht dann, Hermann«, sagte der alte Graul. »Aber wir wollen ihn mal morgen lieber noch im Stall lassen.«
»Wird gemacht«, sagte mein Vater, »das wird ihm gut tun. Gute Nacht, Herr Graul.«
Der alte Graul ging in sein herrschaftliches Haus, das gleich neben dem Hofe mit der Scheune und den Ställen lag, und wir gingen die Teichstraße entlang den gleichen Weg zurück; jenseits des Zaunes fuhren langsam die Transportzüge. Ich war jetzt müde und gähnte, und ich erinnerte mich an eine Zeit, da hatte mein Vater mich auf seinen Schultern getragen, und ich hatte seinen Kopf mit den Händen umfaßt; aber dafür war ich nun zu groß. Doch ich griff nach der Hand meines

Vaters und legte meine Hand in seine; so gingen wir nach Hause. Die gute Havanna, die der alte Graul meinem Vater gegeben hatte, trug er unter der Mütze; dort konnte ihr nichts passieren.

Die Erde, der Himmel, die Sonne

Morgen also! hieß es. Gut, morgen; eilfertig lief die Nachricht durch das ganze Haus. Wann? Gegen halb acht, spätestens. Gut. – Und als der Morgen kam, stieg er rasch und blendend in schattenlosem Glanz empor. Der Himmel flammte schon früh wie leicht bläuliches Metall. »Das wird ganz schön heiß werden heute«, sagte meine Mutter.

»Und passen Sie ein bißchen auf ihn auf«, sagte sie zu Frau Richter, unserer Nachbarin im fünften Stock, »weil ich ja nicht mitgehen kann. Und heute gehen sie ja das erste Mal, da spielen die Jungens immer ein bißchen verrückt.«

Das hätte sie nicht zu sagen brauchen, ich konnte selber auf mich aufpassen, auch wenn ich erst elf Jahre alt war. Das hatte ich früh gelernt, denn bei uns zu Hause hatte keiner viel Zeit, und wenn etwas schief ging oder wenn ich Unsinn gemacht hatte, gab's eben eine Ohrfeige oder noch etwas Handgreiflicheres, und da lernt man schnell. Außerdem war ich schon im vorigen Sommer mitgegangen. Und so sagte ich denn auch zu meiner Mutter, daß sie das nicht zu sagen brauchte, ich sei Manns genug. Ich sagte »Manns genug«, weil ich den Ausdruck irgendwo gelesen hatte, und er gefiel mir; bei uns zu Hause lachten sie oft über die Ausdrücke, die ich gebrauchte. Aber jetzt konnten meine Brüder nicht über mich lachen, sie waren nicht zu Hause, und keiner wußte, wie lange sie fortbleiben würden; sie waren im Kriege. Das heißt, Hermann, der Mechaniker lernte, war noch da; aber der hatte später seine eigenen Sachen im Kopf und rannte mit Mädchen herum, als wüßte er schon, daß sie ihn holen würden. – »Nun hören Sie sich das mal an«, sagte meine Mutter, »der Dreikäsehoch, und was der für ein Deutsch redet, wie'n Pastor«, und sie lachte, und dabei zog sie mir den alten Hut, den ich aufhatte, übers Gesicht. Das war so ihre Art, mir zu zeigen, daß sie mich gern hatte und daß ich der »Kleine« war, denn ich war spät gekommen und ein Nachkömmling. Oh, meine Mutter, sie war schon eine.

»Wird gemacht, Frau Bauer«, sagte Frau Richter, »ich passe schon auf ihn auf, und wenn sie Sperenzien machen, zieh ich ihnen die Ohren lang.« Nicht mir; vielleicht meinte sie ihren Ernst, der schon sowieso ein bißchen große Ohren hatte, und wenn er sich aufregte, wurden sie feuerrot, und dann wurde er noch wilder. Ernst ging in meine Schulklasse. Wir brachten es immer wieder fertig, nebeneinander zu sitzen, so oft auch die Lehrer uns trennten. Ernst wollte zur Zeit Matrose werden und ich – ha! – vielleicht Ingenieur in Sibirien oder einfach Bergsteiger; wir wechselten unsere Träume schneller als unsere Hemden.

Ich hatte Frau Richter gern. Sie war eine starke, junge Frau, die einmal den alten Zimmer, als er betrunken war und sich zuviel herausnehmen wollte, aus ihrer Wohnung hinauswarf wie ein Paket. Sie hatte schönes schwarzes Haar und schwarze Augen, wie eine richtige Italienerin. Wenn sie lachte, konnte man ihre weißen Zähne sehen, da fehlte auch nicht einer, und sie sang gern, sicherlich nicht nur, um zu zeigen, daß sie eine gute Stimme hatte. Das Singen war in ihr und wollte heraus.

»Also denn mal los, Jungens«, sagte Frau Richter, »damit's nicht zu spät wird«, und Ernst und ich sausten die Treppen hinunter, in den Keller, holten Richters Handwagen, den wir gestern gründlich nachgesehen hatten, heraus, brachten ihn auf die Straße, banden die leeren Säcke am Wagen fest und pfiffen. Die Türen sprangen auf, die anderen Jungens und Mädchen stürzten heraus, holten ihre Wagen und stellten sich hinter uns auf. Wirklich, wir sahen wie die Räuber aus. Den Filzhut, der mir auf den Ohren saß und der einfach verboten aussah, hatte ich im vorigen Jahr in unserem Keller in der alten Lade gefunden, und ich hatte eine Taubenfeder daran gesteckt. Ich trug die ältesten Sachen, im Rucksack hatte ich ein Paar abgetragene, zu große Schuhe, die ich dann auf dem Felde tragen wollte, weil die Stoppeln so stachen. Auch das Essen für den ganzen Tag hatte ich darin, ein paar dicke Scheiben Brot, eine große grüne Gurke und eine Bierflasche, die meine Mutter mit Milchkaffee gefüllt hatte; Ährenlesen machte hungrig und noch durstiger. Die Karawane formte sich, zuletzt kam die kleine Müller, sie schob einen alten Kinderwagen ohne Verdeck, als wollte sie ihren Bruder spazierenfahren. Ungeduldig standen wir vor unseren Wagen, wie Pferde, die frische, weite Luft wittern, bäumten wir uns und wieherten.

Dann kam Frau Richter mit der anderen Frauen und übersah lachend die Kolonne. Ihr rotes Kopftuch flammte in der jungen und schon heißen Sonne.

»Wohin, Frau Richter?«

»Hallische Straße«, rief sie, »bis zum Bahnübergang, Roter Brückenrain bis zur Lauchstädter Chaussee. Dort wird gewartet. Verstanden?«

»Zu Befehl, Frau Hauptmann!«

»Die sind jetzt schon verrückt«, sagte Frau Heinrich.

»Lassen Sie sie nur ruhig«, sagte Frau Richter, »wenn's Mittag ist, kriechen die auf allen vieren. Also los!« rief sie.

Die Karawane setzte sich in Bewegung, und ein Junge fing an zu singen »Muß i denn, muß i denn . . .«, und alle sangen, aber dann kamen wir wieder aus dem Takt, und so blieb das Lied auf dem hellen Pflaster liegen; und mit rasselnden

Wagen zogen wir hinaus, Ernst und ich an der Spitze, aus der Dunkelheit der Straße, in der wir wohnten, über die funkelnde Fläche des Marktplatzes mit dem alten, ewig fließenden Brunnen, durch die Ritterstraße und unter den vollen Kastanienbäumen der Bahnhofstraße die Hallische Straße entlang bis zum Bahnübergang; dort hielten wir an. Die Schranken waren herabgelassen, ein Zug kam heran und glitt langsam vorbei: ein Transportzug, Güterwagen braun und gelblichweiß, in deren offenen Türen feldgraue Soldaten im Stroh saßen, mit den Stiefeln oder auch grauen Socken heraushängend. Wir winkten und schrien wie besessen, aber jetzt, im Sommer fünfzehn, war es anders als vor einem Jahr; sie antworteten kaum noch. Es gab nicht mehr so viele Siege wie im vorigen Jahr; da hatten wir weiß Gott viel öfter siegesfrei als hitzefrei gehabt. Wir riefen und winkten, und auch die Frauen winkten, aber sie waren so still wie die Soldaten.

Dann gingen die schwarz-weißen Schranken wieder hoch, wir überschritten den Bahnübergang und sahen links und rechts die blitzenden Bänder der Schienen in die Ferne laufen. Wir fuhren den Roten Brückenrain nach Westen, und plötzlich, nach den letzten Häusern und einer Gärtnerei, fuhren wir im Freien zwischen Feldern. Nichts für uns, viel zu klein, längst schon abgegrast, sagten wir wie Kenner, das ist was für alte Leute, die

nicht mehr weit gehen können; und wir sahen auch ein paar alte Frauen, die sich langsam bückten. Das lohnt sich nicht, sagten wir verächtlich; wir hatten andere Felder im Sinn.
Und jetzt, die Stadt hinter uns, überfiel uns der ungetrübte freie Himmel im Glanz der schnell wachsenden Morgensonne. Angezogen von der Ferne setzten wir uns, wie auf einen lautlosen Peitschenknall, in Bewegung, Ernst und ich an der Spitze der Kolonne, aus Schritt wurde Trab, wurde gestreckter Galopp, und wir jagten dahin, Trapper und Postkutsche verfolgt, Reiter in der Wüste auf schlanken Trinkern des Windes, unvergleichlichen arabischen Hengsten, und die anderen folgten uns, Handwagen, Kinderwagen, und so, hinter uns die Rufe der Frauen: Halt! Halt! rasselten wir auf dem Kopfsteinpflaster der Straße bis zur Grenze, zum Grenzfluß, zum Scheideweg: der baumbestandenen Lauchstädter Chaussee; und da hielten wir, atemlos, schnaufend, Schweißperlen auf Stirn und Leib, und warteten, bis die auseinandergerissene Kolonne sich gesammelt hatte und die Frauen herangekommen waren. Gott, wie langsam die waren! Hinter uns lag die Stadt unter dem flimmernden weißlichen Blau.
»Ihr seid ja ganz und gar verrückt, ihr beiden«, sagte Frau Richter, »wenn das noch mal passiert, gibt's was, verstanden?« Ja, wir waren verrückt,

wir hatten schon einen Atemzug von der Ferne getrunken, wir wollten verrückt sein; und als Ernst zur Antwort wieherte, als sei er Pferd und Reiter, und sagte: »Wir sind freie Araber«, zog ihm seine Mutter die Sportmütze ins Gesicht.
»Und wohin nun, Frau Richter?« – Sie wies über die Chaussee hinweg, die uns von der Ferne trennte.
»Aber langsam nun, das sage ich euch.«
»Und wie lange noch?«
»Vielleicht eine Stunde.«
Und so überschritten wir die Landstraße wie eine Grenze, die Stadt und Land, Nähe und Ferne, Stein und Erde voneinander trennte; und wir tauchten in Stille ein. Auf dem breiten ausgefahrenen Feldwege hörten wir unsere Wagen kaum mehr.
Plötzlich war es still, und die Stille von überallher, von der Erde, dem Himmel, der den riesigen weißen Raum füllenden Sonne, überfiel uns und machte uns stumm. Wie auf einem Damme fuhren wir, als wären wir in einem fremden Land, in das wir ohne Paß eingedrungen waren, zwischen Feldern, die sich nach Westen, Norden und Süden ausdehnten, endlos, und aus den drei Himmelsrichtungen schweigend zurückflossen, ein durch den Feldweg geteiltes Meer ohne Wellenschlag. Und wir hörten, alle von uns, wir Kinder und Frauen, wir hörten die fernen Stimmen, verweh-

ten Töne: den Atem der Erde; und alles umfaßt von der mächtigen Stille, alles eingebettet in ihr; und so umfaßt von ihr auch die Anblicke: die Farben der Rübenäcker, der Kartoffel-, Mais- und Gerstenfelder und vor allem das leicht bräunliche Gold des Kornes, das wir suchten: die Bauern, alte Männer, Frauen und Mädchen und die Gefangenen, die Franzosen in Graublau, die Engländer in Braun, die Russen in Erdfarbe, die auf den Feldern arbeiteten, mähten und die Garben banden und aufstellten, die Erntewagen, hochbeladen und langsam über die Felder ziehend zu fernen Dörfern, und die Wagen, die leer zurückkamen; die Dampf- und Mähmaschinen, die einzelnen, alten Feldbäume, die Feldscheunen, alles ganz deutlich und winzig auf der endlosen Erde unter dem vor Hitze zitternden Himmel, der nun die Sonne war.

Und wir brachen die Stille, die uns einspannte und fesselte, als wir einen Hasen dicht vor uns aufspringen sahen, und wir schrien: »Häs, Häs, Häs!« und andere Hasen schossen plötzlich empor; wir schrien, und sie flogen in braunem Zickzack über das stille Meer, die Erde ohne Bewegung; und Ernst sagte: »Pfeffer auf den Schwanz, dann hätten wir ihn, Junge, das macht mich hungrig.« Rebhühner flogen auf, fern, winzige Punkte im Auge. Langsam zogen wir dahin, Besucher, Fremde. Der Sommerwind kam uns entgegen, er

strich uns leicht über die Gesichter und floß weiter.
Dann, auf einen Ruf von Frau Richter, hielten wir; sie kam mit den anderen Frauen zu unserem Wagen vor.
»Fangen wir hier an?« sagten wir.
Sie hob die Hand über die Augen und spähte. Ein riesiges Feld im Süden war leer: es wartete auf uns.
»Da haben wir etwas für die nächsten Tage«, sagte Frau Richter, »wenn nicht zu viele kommen. Das gibt Weizenmehl.« Und wir sahen schon die Beutel und Säcke, gefüllt mit dem köstlichen Weiß, die wir aus der Mühle trugen.
»Alles das gehört Herrn von Feuchtleben«, sagte sie, und sie beschrieb mit der Hand einen Bogen, der die Erde vor uns und den Himmel darüber umschloß. »Hier können wir mal anfangen.«
Ernst steckte zwei Finger in den Mund und pfiff, daß es wie ein schriller Blitz durch die große Stille schoß, und wieder zuckte aus der grasigen Rinne neben dem Wege ein brauner Schatten empor und flog über das Stoppelfeld. »Häs, Häs, Häs!« schrien wir wieder; und Ernst rief: »Na, denn mal ran an den Speck!«
Mit einem Schrei stürzten wir uns in die Morgenstille des Feldes, um wie eine aufgelöste Schützenlinie langsam nach Süden vorzudringen, gebückt und aufgerichtet, in gleichmäßiger Folge. Ich

holte die alten Schuhe aus dem Rucksack und zog sie an, band meine Säcke vom Wagen los, nahm einen davon und schritt neben Ernst und seiner Mutter über die Stoppeln. Heute waren es Ähren von einem Weizenfeld, und morgen würden wir wiederkommen, so lange, bis unsere Ernte hier eingebracht war. Wir sammelten alles. Später würden wir Erbsen lesen, Roggen und Gerste, die meine Mutter dann auch für unseren Kaffee röstete. Im Herbst waren es Kartoffeln und noch später Zuckerrüben für den Rübensaft, der im großen Kessel im Waschhaus eingekocht wurde, und wir hielten abwechselnd Wache und rührten und schmeckten den braunen Schaum, bis der Saft schön dick und schwarz in die Gläser floß. So ernährten wir, denen nichts von der Erde gehörte, uns von der Erde, und sie gab uns reichlich von dem, was liegengeblieben war; die Sammler der Reste und Abfälle waren wir.
Neben mir lasen Ernst und seine Mutter. Sie hatte ihre Bluse ausgezogen und auf den Wagen gelegt; und wenn sie sich aufrichtete und mit der Hand über die Stirn hinwischte und ich zu ihr hinblickte, sah ich ihre vollen weißen Arme, ihren hellen Hals, und ich sah, wie sich das Unterhemd spannte, dort, wo ihre Brüste waren, und ich sah schnell weg.
»Fleckt's denn, Walter?« fragte sie.
»Und wie!« antwortete ich; und wie alle ging ich

gebückt und sammelnd und mit den Händen Ähre um Ähre erntend in die Stille hinein, die nun ihre Frische verloren hatte und mit Wärme und Glut dann angefüllt wurde, bis Glut und Stille eins waren und alles umfaßten. Ich zog meinen Sack hinter mir her, und als ich ihn mit Ähren gefüllt hatte, brachte ich ihn zu unserem Wagen zurück; so taten die anderen.

Und da, als ich wieder in das Feld hineinging, da geschah es. Nichts Aufregendes. Man konnte nichts sehen, es ging auch völlig ohne Laut vor sich, und ich konnte es nicht beschreiben, nichts darüber sagen. Und so ist es auch nicht wieder geschehen; anders, doch nicht so, nie wieder mit dieser ins Herz schneidenden Kraft, dem Glanz, dem Schweigen des ersten Males; mit der Wucht eines Überfalles, der all und jedes überwältigt, nichts unberührt ließ. In mir.

Ich stand still und sah mich um. Ich sah vor mir die ährenlesenden Kinder und Frauen, und jenseits der dünnen Linie, die sich langsam von mir fortbewegte, floß die riesige Fläche des Feldes in die Ferne, bis die Bewegung nahe dem Horizont vom Schatten eines Waldes aufgehalten wurde. Dann blickte ich zurück, nach Norden, über die Felder hin. Ich rührte mich nicht. Ich sah; und ich fing an zu staunen und fing zu sehen an: das war die Erde in großer Ruhe und Stille. Dann sah ich empor und erblickte den Himmel, weiß und zit-

ternd, auch er endlos, über alles gespannt; und als ich aufsah, geblendet zuerst, so daß ich die Hand über die Augen hielt, gewahrte ich in der Ferne des weißen Himmels einen Punkt, schwebend im leeren Raum, und nun sah ich, wie er in unbeschreiblich wunderbaren großen Kreisen durch den Himmel zog, und jetzt, aus fernen Höhen, in denen niemand und nichts war außer dem glühenden Licht der Sonne, hörte ich einen Laut: den Schrei eines Mäusebussards, einsam, verloren.
Dieser Ton traf mich. Er durchdrang mich, er schnitt in mich hinein. Und plötzlich wußte ich: ich lebte. Ich war lebendig. Ich lebte. Ich stand auf der Erde, unter dem großen Himmel, unter der Sonne.
Ich lebte und hatte einen Namen.
Und dieses Wissen schoß in mich hinein, ein weißer Feuerstrahl, der alles erfaßte, alles erfüllte, alles zum Leben erweckte. Da schrie ich auf vor Freude, vor Lust, vor Wissen: daß ich hier war, lebendig. Und ich warf meinen Hut in die flimmernde Luft und schrie: »Hipp, hipp, hurra! Hipp, hipp, hurra!« wie meine Brüder am Ende eines Fußballspieles getan hatten; immer wieder. Und ich hätte mich am liebsten hingeworfen, mich auf der Erde gerollt, bis zum Ende des Feldes, dem fernen Horizont und weit über ihn hinaus, bis zum Ende der Erde.
Und ich sah, wie die Ährenleser vor mir zusam-

menzuckten, sich aufrichteten, sich zu mir wandten.
»Walter!« schrie Ernst, »was ist denn los? Mutter, der hat einen Sonnenstich, der ist übergeschnappt!«, und er ließ den Sack fallen und rannte zu mir; und auch Frau Richter kam.
»Ist dir was passiert, Walter?« sagte sie, und sie legte ihre Hand auf meine Stirn.
»I wo«, sagte ich, und ich sah sie an und Ernst, meinen Freund. Wußten sie es denn nicht? Auch sie gehörten dazu, zu mir, wie die Erde, der Himmel, die Sonne, sie alle gehörten zu mir und der Erde, alles und alle: meine Mutter und mein Vater, meine Brüder im Kriege, die Leute in den Dörfern und in der Stadt und die Stadt selber und der Fluß, der durch die Stadt zog, alles. Alles, was auf der Erde war. Wußten sie es denn nicht? Wenn ich es wußte, mußten sie es auch wissen. Und ich wollte etwas sagen und konnte es nicht sagen.
»Nichts«, sagte ich, »'s ist nichts passiert, ich wollte nur mal so richtig mit der Sprache heraus.« Das war auch einer der Ausdrücke, die ich aufgelesen hatte und die ich gern hatte; ich sammelte Worte, ohne es zu wissen.
»Na so ein Igel«, sagte Frau Richter, »da brauchst du uns doch nicht gleich zu erschrecken. Ein bißchen verrückt bist du ja, Walter. Hipp hipp hurra. Wir spielen hier doch nicht Fußball. Und nun mal ran an die Arbeit!«

Ich wollte sie ja auch nicht erschrecken. Ich hatte nur sagen wollen, daß ich hier war. Ich lebte, von Kopf zu Fuß und alles eingeschlossen, die Erde, der Himmel, die Sonne.
Dieses Wissen verließ mich nicht mehr, den ganzen Tag nicht. Es lag jetzt wie ein winziger Kern in mir, unangreifbar, unversehrbar. Und das, neben ein paar Säcken, gefüllt mit Ähren, brachte ich abends nach Hause.

Brief von einer fremden Hand

Ehe meine Mutter am Morgen weggegangen war, um bei Kremmers zu waschen, hatte sie zu mir gesagt: »Und wenn ein Brief kommt, dann bringst du ihn gleich, verstanden?«
Sie hätte das gar nicht so besonders zu sagen brauchen, denn das tat ich immer. Sobald ich aus der Schule nach Hause kam, war das erste, was ich tat, den Briefkasten aufzuschließen, der neben der Wohnungstür hing, um zu sehen, ob ein Brief darin war. Dann brachte ich meiner Mutter den Brief. Dann lief ich wieder nach Hause, um die Kartoffeln aufzusetzen oder was es sonst zu tun gab; auch mein Tag hatte seine Ordnung.
Bei Briefen meinte meine Mutter natürlich nur Nachrichten von meinen drei Brüdern, die Soldaten waren. Wir bekamen sonst ja auch keine Briefe, nur zu Weihnachten ein paar Karten von Verwandten; an uns wäre die Post bestimmt nicht reich geworden. Nein, meine Mutter meinte die grauen Feldpostbriefe, die meine Brüder manchmal schickten, Artur und Hermann aus dem Westen, Otto aus dem Osten; sie schrieben natürlich nicht oft genug. Wenn es nach meiner Mutter gegangen wäre, hätten sie jeden Tag schreiben sollen. Aber selbstverständlich hatten sie draußen andere Sachen zu tun, sie waren dabei, Siege zu erringen und die Franzosen, Engländer und Rus-

sen zu schlagen; sie lebten an der Front. Sie schrieben darüber nichts, aber wir wußten schon, was da los war; wenn ein Urlauber nach Hause kam, hörten wir ja allerlei; bestimmt nicht aus der Zeitung, dem »Merseburger Korrespondenten«, den ich jeden Tag austrug. Wenn man ihn las, war alles in bester Butter; nur die Verlustlisten wurden immer länger. Jedenfalls schrieben meine Brüder, daß es ihnen gut ginge, daß schlechtes oder gutes Wetter sei, daß sie unsere Feldpostpäckchen erhalten hätten und daß sie Socken brauchten; die brauchten sie immer.

Zuerst waren wir sieben gewesen, und jetzt, im dritten Kriegsjahr, waren wir noch vier, mein Vater, meine Mutter, meine Schwester Frieda und ich. Wie lange mein Vater noch zu Hause bleiben konnte, das wußte keiner; aber sie redeten davon, daß die alten Jahrgänge auch bald an der Reihe waren, und dann war mein Vater eben auch dran. Artur, unser Ältester, war zuerst drangekommen. Wir hatten ihn selbst ausmarschieren sehen, denn wir wohnten nicht weit von der Kaserne. Sein Gewehr, der Helm und die Brust waren mit Blumen besteckt, wir hatten am Fenster unserer Wohnung gestanden und sahen den grauen Zug, der endlos aus der Kaserne herausströmte und dann am Güterbahnhof verladen wurde. Die Züge fuhren und fuhren, tags hörten wir das Singen und nachts das Rollen. Sie fuhren auch später noch, aber da sangen sie nicht mehr. Bei meinem zweiten Bruder hatte es schon keine Blumen mehr gegeben, und der dritte, Hermann, war dann einfach verschwunden, ehe meine Mutter und meine Schwester ihn in der Kaserne noch einmal hatten sehen können. Und jetzt waren wir nur noch vier.

Eigentlich lebten wir, als ob nichts passiert wäre. Nur daß unsere drei Jungens nicht mehr da waren und daß wir auf Feldpostbriefe von ihnen warteten; und was ihnen passieren konnte, lasen wir aus den Todesanzeigen der Gefallenen in der Zeitung; und das wurden immer mehr. »Müllers Junge ist nun auch gefallen«, sagte meine Mutter, wenn sie abends die Zeitung las, »und das war so ein hübscher Kerl, so anständig.« Und dann waren es andere Namen aus der Nachbarschaft, und jedesmal hieß es: Den Heldentod für das Vaterland starb unser lieber Sohn und Bruder. Wenn meine Mutter nicht jedesmal geweint hätte, dann hätte sie, wenn sie das las, nur gelacht. Aber sonst hatte sich eigentlich nicht viel verändert. Mein Vater ging zur Arbeit, und wenn er abends nach Hause kam, wusch er sich, las die Zeitung und ging ins Bett. Hätte er was anderes tun können? Meine Mutter wusch die Wäsche für fremde Leute und hatte ein paar Aufwartungen, und einmal in der Woche ging sie über Land in das Dorf, wo sie geboren worden war; dort machte sie beim Bauer

Wegeleben sauber. Das war der beste Tag, denn da brachte sie Obst und Kartoffeln nach Hause und meistens auch ein schönes Stück Landbrot und eine dicke Scheibe Speck.

Ich war erst dreizehn und war noch in der Volksschule. Aber vielleicht holten sie mich auch noch. Der alte Wegeleben sagte jedenfalls: »Darauf könnt ihr euch verlassen, das hört so bald nicht mehr auf, und dann haben sie dich auch beim Wickel, Walter.« Und dann sang er mit seiner heiseren Stimme: »Die Seele schwinget sich wohl in die Höh, juchhe . . .«, als hätte das etwas mit dem Krieg zu tun. Er hatte gut reden, denn sein eines Bein war kürzer als das andere, da holten sie ihn bestimmt nicht. Wegelebens hatten eine Tochter, Lene hieß sie, auch dreizehn, die eigentlich ganz schön Klavier spielte. Aber was wir so mit den Mädchen machten, wenn es dunkel geworden war, konnte man mit ihr nicht machen, sie war zimperlich. »Mein lieber Junge«, sagte meine Mutter, »wenn man dich nicht immer an der Leine hat, dann rennst du herum wie ein läufiger Hund.« Aber Lene war sowieso nichts für mich, sie wollte höher hinaus und einen Gutsbesitzer heiraten.

Also eigentlich war das meiste noch wie früher, nur daß unsere Jungens nicht zu Hause waren und alles immer schlechter wurde; und wir warteten, daß ein Brief von ihnen käme, graue Feldpostbriefe. Große Briefeschreiber waren sie nicht; wir ja auch nicht, und der einzige Tag, an dem meine Mutter schreiben konnte, war der Sonntag. Aber sie wartete immer auf Briefe von ihnen. Deshalb hatte sie ja auch zu mir gesagt, daß ich ihr den Brief, wenn einer käme, gleich zu Kremmers bringen sollte.

Und als ich mittags aus der Schule nach Hause kam, war das erste gleich, daß ich den Schlüssel nahm und den Briefkasten aufschloß, um zu sehen, ob ein Feldpostbrief gekommen war; und da war wirklich einer. Ich nahm ihn heraus und sah gleich, daß es nicht die Handschrift von einem von unseren Jungens war. Die kannte ich genau. Diesmal aber war es eine ganz andere Handschrift, eine fremde, und als ich auf die Rückseite sah, las ich einen fremden Namen; und ich hielt den Brief in der Hand und hätte ihn am liebsten aufgemacht. Aber meine Mutter hatte es mir verboten, ein für allemal.

Wenn nun etwas Schlechtes drin stand? Wenn nun einem von den Dreien etwas passiert war? Aber wem? Nein, ich wollte ihn lieber nicht aufmachen, da konnte meine Mutter fuchsteufelswild werden. Aber ich zerbrach mir doch den Kopf.

Ich ging also los, um meiner Mutter den Brief zu bringen, der von einer fremden Hand geschrieben worden war. Herr Kremmer war Lehrer am Gymnasium, und sie hatten ein schönes Haus. Ihr Sohn war Leutnant und war im Osten. Und unterwegs dachte ich immer wieder, von wem bloß der Brief sein könnte, und ich nahm ihn aus der Jackentasche heraus und sah ihn an, aber er sah genau so aus wie jeder andere Feldpostbrief.

Als ich bei Kremmers war, ging ich natürlich nicht durch die Haustür in das Haus, sondern um das Haus herum; ich wußte ja, wo das Waschhaus war.

Ich rief »Mutter«, aber nicht laut, weil ich an den Brief dachte; nur halblaut rief ich: »Mutter.«

Aber sie war nicht im Waschhaus. Dann hing sie sicherlich schon Wäsche im Garten auf. Als ich in den großen Garten kam, sah ich meine Mutter, und die weißen Bettücher hingen schon auf der Leine. Ich sah meine Mutter, wie sie sich reckte, um die Wäscheklammern anzumachen. Ich ging zu ihr hin und dachte an den Brief, der von einer fremden Hand geschrieben worden war. Da ich barfuß war, konnte meine Mutter mich nicht hören; bis sie meinen Schatten auf dem weißen Betttuch sah.

»Du«, sagte sie erschrocken, »das mach nicht noch mal! Bringst du einen Brief? Gottseidank«, und sie trocknete sich die feuchten Hände an ihrer Schürze. »Wer hat denn geschrieben? – Wer geschrieben hat, hörst du denn nicht?« – »Ich weiß nicht.«

»Na, du kennst doch die Schrift!«

»Ich weiß nicht, Mutter, das ist eine ganz andere Handschrift und ein anderer Name.«
Meine Mutter wollte etwas sagen, und sie konnte es nicht. Nur ihre Lippen bewegten sich, als kämen Worte heraus, die ganz ohne Stimme waren, und ihre Lippen mußten auf einmal ganz trocken sein, denn sie fuhr mit der Zunge darüber; und ihre Augen hatten keinen richtigen Blick mehr.
»Du lieber Gott«, sagte sie. »Junge —«
Ich nahm den Brief aus meiner Jackentasche. »Soll ich ihn dir vorlesen?« sagte ich. Denn das tat ich oft. Meine Mutter war weitsichtig, und wenn sie die Briefe von unseren Jungens las, hielt sie das Blatt ganz weit von sich über den Tisch. Auch mein Vater war weitsichtig, und wenn beide die Zeitung lasen, war am Tisch kein Platz mehr für einen anderen.
»Nein, gib ihn mir«, sagte sie, und ihre Stimme war trocken wie trockenes Holz. Ich gab ihr den Brief, und ich sah, daß ihre Hand zitterte.
»Mach ihn auf«, sagte sie, und ich trennte den Brief sorgsam auf.
»Kannst du's nicht ein bißchen schneller machen?« und sie riß mir das offene Blatt aus der Hand. Aber sie konnte den Brief nicht gleich lesen, weil sie so weitsichtig war, sie mußte ihn ganz weit von sich fernhalten; und ehe sie las, sah sie mich wieder an. »Du lieber Gott«, sagte sie noch einmal. Vielleicht bemerkte sie mich gar

nicht; wer weiß, ob sie überhaupt etwas sah. Und in dem kurzen Augenblick, den ihre Augen brauchten, um sich von mir abzuwenden und sich auf dem Blatt niederzulassen, in dieser kurzen Zeitspanne war es plötzlich ganz still, und ich konnte das Laub der alten Obstbäume im Wind rascheln hören. Das Licht schien durch die weißen Linnentücher, weiß wie die Wolken, die ruhig am Himmel dahinzogen. Es war eine große Stille überall. Ich blickte meine Mutter an, die jetzt den grauen Feldpostbrief zu lesen anfing; ich sah, wie ihre Lippen sich lesend bewegten.
»Was schreibt er denn?« sagte ich, doch nur ganz leise. »Mutter – was schreibt er denn?«
»Ach so – er ist verwundet.« Aber sie hob den Blick nicht mehr vom Brief.
»Wer denn bloß?«
»Artur.«
»Schwer, Mutter?«
»Am linken Bein und an der Brust, schreibt er.«
»Aber wer schreibt denn bloß?«
»Sein Kamerad im Lazarett. Aber es ist keine Lebensgefahr.« Und sie las den Brief wieder, als könnten ihr die wenigen Zeilen, die eine fremde Hand geschrieben hatte, viel mehr sagen, als sie wirklich sagen konnten. Und wieder, als sie den grauen Feldpostbrief gelesen hatte, sah sie mich an, doch anders, ihre Augen erfaßten mich wieder.

»Gottseidank, dem kann nichts mehr passieren«, sagte sie, »Artur ist raus, dem können sie nichts mehr anhaben − der ist raus aus dem elenden Schlamassel − der ist raus, Kleiner.«
Und ihre Stimme wurde lauter, und als ob ich gar nicht mehr da wäre, lief sie plötzlich zum Hause und rief: »Frau Kremmer! Frau Kremmer!«
»Ja?« antwortete eine Stimme aus dem Innern des Hauses, und ich sah, wie Frau Kremmer aus einem Fenster herausblickte. »Ja, was ist denn?«
»Unser Ältester ist verwundet, der Artur, er hat was abgekriegt, es ist die Brust und auch das linke Bein.«
»Ich komme gleich raus, Augenblick, gleich.«
Und dann kam Frau Kremmer, die auch einen Jungen draußen hatte. Meine Mutter gab ihr den Brief zu lesen, und sie las ihn.
Doch ich stand abseits, als gehörte ich nicht dazu; und so war es ja auch, ich gehörte noch nicht zu solchen Sachen; sie waren für mich aufgehoben, für später; sie kamen dann auch. Aber jetzt war mein Bruder Artur verwundet, der älteste von unseren Jungens, der Zimmermann, und ich sagte dann auch zu meiner Mutter: »Da kann er ja gar nicht mehr Zimmermann sein.«
»Da macht er eben was anderes«, sagte meine Mutter, »die Hauptsache ist, daß er raus ist. Verstehst du denn das nicht, Kleiner, der ist raus«, und sie fuhr mir mit der Hand über den Kopf,

»den können sie jetzt nicht mehr gebrauchen. Geh mal ins Waschhaus, da ist noch was vom Mittagessen.«
Ich ging ins Waschhaus und holte mir den Teller heraus, es waren Kartoffeln und grüne Bohnen. Ich setzte mich auf die Treppe und aß. Jetzt war ja alles wieder gut. Meine Mutter hing wieder Wäsche auf. Ich sah zu ihr hin, und ich sah, wie sie die Klammern festmachte. Ich sah auch, wie sie über die Augen hinwischte; aber sie war ganz still.

Bitte für einen Freund

Als ich Hedwig gesehen und von ihr gehört hatte, was sie mir zu sagen mußte, rannte ich nach Hause, damit ich nicht zu spät zum Abendbrot käme. Meine Mutter hatte eine leichte Hand, doch heute wäre es mir gleich gewesen, und das war es auch nicht allein; ich konnte gar nicht anders als nach Hause rennen. Die Nachricht, die ich trug, war zu schwer für mich, als daß ich sie hätte Schritt um Schritt tragen können. Ich hatte auf Hedwig gewartet, weil ich wußte, daß sie im Krankenhaus gewesen war, und dort hatte ihr der Doktor gesagt, was sie mir weitergab.
Ich kam nicht zu spät. Als ich durch den Hof lief, sah ich meinen Bruder Hermann. Die Hemdärmel aufgestreift, frisch gewaschen und das Haar naß gescheitelt, lag er im offenen Küchenfenster und rauchte.
»Ist der Vater schon da?« – »Noch nicht.«
– Mein Bruder unterhielt sich mit dem ältesten Mädchen von Schuster Grünert, den wir nur den Schuster nannten; sie nahm die trockene Wäsche ab. Meine Mutter hatte schon öfters zu meinem Bruder gesagt: »Wenn du mit der poussierst, schmeiße ich dich raus, die ist ja mannstoll.« Keiner brauchte mir zu sagen, was das war; meine Mutter hätte gestaunt, wenn sie gewußt hätte, was ich schon alles wußte.

Ich rannte die Treppen empor und trat in die Küche ein.

»Da bist du ja«, sagte meine Mutter, »'s wird Zeit, der Vater kommt gleich«, doch ehe sie noch ein Wort sagen konnte, fiel die Nachricht wie ein Stein aus meinem Mund. »Mit Karl ist's kritisch«, sagte ich, »der muß sterben, Mutter«, und die letzten Worte hatten keinen Atem mehr und zerbröckelten in lauter kleine Krümel; und dann sagte ich wieder: »Der stirbt«, aber die Worte kamen nicht mehr heraus, nur ich hörte sie.

»Wer hat dir denn das gesagt, Junge?« sagte meine Mutter, die am Herde stand und die Suppe im Topf rührte.

»Hedwig. Sie war im Krankenhaus, der Doktor hat's ihr gesagt.«

»Nun hör mal zu, mein Junge, und mach dich nicht ganz verrückt mit Karl, er wird schon wieder gesund. Warum soll er denn sterben, auch wenn's kritisch ist? Bei mir war's auch schon manchmal kritisch, hörst du?« und sie fuhr mir mit der Hand über den Kopf. »Und weißt du, wann's das letzte Mal kritisch war? Als ich dich kriegte. Da hast du mir ganz schön zu schaffen gemacht. Denk an Karl und wünsch ihm gute Besserung, das hilft auch. Und mach dich nicht so verrückt damit. Und nun stell die Teller auf den Tisch; 's gibt Bohnensuppe. Und du da hörst mit dem Poussieren auf«, sagte sie zu meinem Bruder,

der vom Fenster weggegangen war und sich an den Küchentisch gesetzt hatte, »du bist so'n richtiger Poussierhengst geworden.«
»Gegen die Natur kannst du eben nichts machen, Mutter«, sagte er, »schließlich wird ja auch unsereiner ein Mann.«
»Und was für einer. Hörst du das, Frieda?« sagte sie zu meiner Schwester, die mit frisch gebranntem Haar und in einer weißen Bluse aus der Schlafkammer kam; sie ging mit einem Förster.
»Können wir nicht schon anfangen?« sagte mein Bruder. »Bohnen gibt's? Na. Da haben wir wieder ein ganz schönes Gaswerk.«
»Du kannst wohl noch die paar Minuten warten, bis der Vater kommt. Da kommt er ja schon«; und wir alle wußten, daß es unser Vater war, der da kam. Keiner im ganzen Hause stieg die Treppen so langsam empor; als trüge er auch jetzt noch einen Sack mit Zement.
Ich holte wie jeden Abend den Stiefelknecht und die Pantoffeln aus der Ecke und stellte sie vor den Stuhl meines Vaters. Es war sein Stuhl; sogar meine Mutter wäre aufgestanden, wenn sie darauf gesessen hätte. Er kam, weiß bestaubt vom langen Arbeitstag, er zog die Stiefel aus, die ich dann hinter den Ofen stellte, er wusch sich, er scheitelte das dichte schwarze Haar schön mit dem Kamm, er setzte sich an den Tisch, meine Mutter füllte die Teller, und wir aßen. Jetzt war die ganze Familie

beisammen; das heißt, doch nicht ganz, meine anderen Brüder waren seit zwei Jahren draußen, im Kriege. Wer weiß, wie lange es noch dauerte, dann holten sie auch meinen Bruder Hermann und meinen Vater. Mein Vater sagte dazu gar nichts, aber mein Bruder sagte, daß er dann einfach verschwinden würde. »Wohin denn?« fragte meine Mutter. – »Na so in die Wälder.« – »Die haben Polizeihunde«, sagte ich, »die schnüffeln dich schon auf.« – »Oder ich stelle mich verrückt.« – »Da fehlt sowieso nicht viel«, sagte meine Mutter. Na ja, als es soweit war, ging er genauso wie alle andern.

Wir aßen stumm, wir sprachen beim Essen nicht, eben weil wir mit dem Essen zu tun hatten. Ich saß nicht am Tisch, sondern hinter dem Küchenschrank auf einer Bank, auf der die Waschschüsseln standen, und löffelte meine Suppe an einem kleinen Tisch, den mein Vater eines Abends nach Hause gebracht hatte; in der Asche, die er manchmal fuhr, hatte er schon manches gefunden, was andere Leute weggeworfen hatten und was wir noch ganz gut gebrauchen konnten. Ich war hungrig wie alle; und doch sah ich von meinem Platz wie aus weiter Ferne zu ihnen allen hin, als wäre ich von ihnen getrennt, denn ich dachte an Karl, der im Krankenhaus war, und der Doktor hatte Hedwig gesagt, daß es kritisch wäre. Aß er jetzt auch? Vielleicht war er nun so schwach, daß

er nicht mal den Löffel mehr selber halten konnte.
»Iß mal noch 'nen Teller voll«, sagte meine Mutter, »Essen und Trinken hält Leib und Seele zusammen. Mach mir bloß keinen Kummer, Junge, und werde du auch noch krank?«
»Was hat er denn«, sagte mein Vater, ohne mit dem Löffeln aufzuhören, »was ist denn los?«
»Karl ist krank«, sagte meine Mutter und füllte mir wieder den Teller mit der guten dicken Bohnensuppe.
»Was hat er denn?« fragte mein Vater und kratzte mit dem Löffel seinen Teller aus. »Die Bohnen sind gut, Mutter.«
»Die Wirkungen auch«, sagte mein Bruder.
»Lungenentzündung«, sagte ich, »und es ist kritisch.«
»Karl wird schon wieder gesund.«
Sie hatten gut reden. Gestern war es noch nicht kritisch gewesen, aber heute ging es ihm schlechter, und ich war sein Freund und hätte jetzt bei ihm sein müssen. Das war es doch, was Blutsbrüder taten, wenn es einem von ihnen schlecht ging. Sie trennten sich nie. Und wir waren Freunde, wir waren Blutsbrüder, und es war noch nicht so lange her, daß ich zu ihm gesagt hatte: »Karl, das eine ist sicher, wir müssen zusammenbleiben, unser ganzes Leben lang, und wo der eine ist, da ist der andere auch«, und Karl hatte gesagt: »Das ist ganz selbstverständlich.« Denn noch nie hatte ich

einen solchen Freund gehabt; und ich brauchte ihn, es war einfach nichts ohne ihn; und vielleicht brauchte er mich auch. Heute brauchte er mich; jetzt.

Und wenn ich hundert Jahre alt werden sollte, wie meine Mutter manchmal sagte – und Karl wäre dann genauso alt –, ich würde den Tag im Mai nie vergessen, an dem er kam. Und ich würde zu Karl dann sagen: Karl, würde ich sagen, weißt du noch, wie du in unsere Klasse kamst? Es war in der Rechenstunde bei Herrn Hensel, und dann klopfte es, die Tür ging auf, Herr Rothe, der Rektor, kam mit einem Jungen herein, der einen Schulranzen auf dem Rücken trug; und hinter den beiden in der offenen Tür konnte ich ein junges Mädchen sehen, das war Hedwig, deine Schwester, die dich zur alten Volksschule am Roßmarkt gebracht hatte, denn deine Mutter konnte nur mühsam gehen; das war ja auch der Grund, weshalb ihr immer zu ebener Erde wohnen mußtet; wir wohnten im fünften Stock. »Zuwachs«, sagte der Rektor, und er gab Herrn Hensel das Zeugnisheft. »Der macht Ihnen keinen Kummer, Herr Hensel, wie die ganze Rasselbande da«, und wir lachten, wir brüllten vor Lachen. Weißt du das noch, Karl? Und du standest da, ganz ruhig, und du sahst uns alle an. Eigentlich warst du ein kleiner Bursche, für deine zwölf Jahre, meine ich. Wir waren alle viel größer, manche schon richtige

Schlakse, vor allem die, die sich Zeit ließen und schon ein paarmal sitzengeblieben waren.
Und weißt du noch, Karl, würde ich dann zu Karl sagen, wie Herr Hensel dir einen Platz gerade hinter mir zuwies? Du kamst im richtigen Augenblick. Ich brauchte einen Freund wie dich; ich brauchte dich. Du warst so ganz anders als alle von uns. Natürlich hatte ich Freunde, jeder hat sie, wir gingen zusammen schwimmen und Rübenverziehen und Ährenlesen, wir waren, wie meine Mutter sagte, so eine richtige Rotte Corah, wir spielten Indianer und Trapper, wir kletterten abends in den Neubauten herum, wir wußten, wo die besten Kirschplantagen waren; und wenn wir umzogen, verloren wir die alten Freunde, und neue waren da, ganz einfach, weil wir im gleichen Hause wohnten und in den Nachbarhäusern, und die alten wurden vergessen. Doch du warst anders als wir alle. Du warst leicht wie ein Vogel, Karl, so leicht, und deshalb warst du ja auch der Beste im Hoch- und Weitsprung, in der ganzen Klasse. Das ist wahr: du hattest die Vögel lieber als alles andere, und du hast mir ja dann auch gleich erzählt, daß du ein großer Forscher werden wolltest, ein Reisender in allen Erdteilen, um alle Vögel zu studieren, die es gab, Kraniche, Weiher, Adler, Falken, Waldvögel, Wasservögel, die Vögel der Ebenen, des Meeres, die großen und die kleinen. Ich, ja, ich wollte auch wandern, ich

wollte Zimmermann werden wie mein Bruder Artur; da konnte man ganz hübsch weit kommen. Das heißt, seit du mein Freund wurdest, dachte ich eigentlich nicht mehr so richtig daran, denn du hattest gesagt, daß du einen Helfer brauchtest, um die Vögel zu fangen; und das wollte ich sein. Wir wollten doch zusammenbleiben; immer.
Und wenn ich hundert Jahre alt würde: ich konnte nichts vergessen. Nicht, wie unsere Freundschaft anfing: du hattest nämlich eine Zahnlücke, durch die du einen feinen Strahl Wasser oder Spucke einem genau ins Gesicht oder in den Nacken zielen konntest; und das tatest du, denn du saßest hinter mir; und nicht lange, so saßen wir nebeneinander. Nicht, wie ich bei euch zu Hause war zum ersten Mal. Oh, ich wußte, daß es andere Wohnungen als unsere gab, feine, große mit dunklen Schränken, mit Teppichen und langen weißen Vorhängen; aber wenn man beim Zeitungstragen Geld einsammelt, bleibt man immer nur an der Tür stehen; man blickt nur hinein. Ich fühlte mich wohl zu Hause, weil ich dort zu Hause war, ganz einfach; aber bei euch war alles so fein und ruhig, und du, Karl, hattest immer ein Taschentuch, und ich hatte eben nicht immer eins. Und meine Mutter ging zu allen möglichen Leuten, um ihre Wäsche zu waschen; und deine Mutter war den ganzen Tag zu Hause. Das war ganz natürlich, denn sie hinkte und hatte ein Hüftlei-

den, seit sie gestürzt war. Aber was sie zu Hause tat, das war erstaunlich: sie malte Blumenbilder, deshalb hattet ihr auch immer Blumen zu Hause, und sie verkaufte die Bilder sogar; und deine Schwestern Hedwig und Ilse arbeiteten nicht in einer Fabrik oder in einer Reinigungsanstalt oder waren Dienstmädchen; sie waren Verkäuferinnen im Kaufhaus Dobkowitz, in der Abteilung für feine Mäntel und Kleider; meine Mutter und meine Schwester hättest du dort nie getroffen. Aber bei euch war alles anders. Und ihr hattet Bücher, von deinem Großvater Brehms Tierleben und die vielen Bände von Brockhaus. Wenn man alle diese Bücher hat, braucht man nichts anderes. Und weißt du, Karl, würde ich sagen, wann wir richtige Freunde wurden? Als du mir ein Geheimnis anvertrautest und ich dir versprach, daß ich es keinem weitererzählte (außer meiner Mutter), nämlich: dein Vater war nicht tot, er war in Amerika, und später wolltest du ihn finden. Nicht du allein natürlich – wir beide.

Und wenn ich hundert Jahre alt würde, wie meine Mutter sagte – ja, ich vielleicht, aber mit Karl war es kritisch, und das ging mir an diesem Abend nicht aus dem Sinn, ich konnte tun, was ich wollte, Erbsen auslesen mit meiner Mutter, während mein Vater die Zeitung las und darüber einschlief, und in einem Buche von Sven Hedin lesen; ich dachte an Karl und dachte, daß ich jetzt

bei ihm sein müßte; und ich war es nicht. Doch Blutsbrüder taten das. Wenigstens schickte einer dem anderen ein Zeichen. Ein Zeichen ...
Mein Bruder und meine Schwester waren längst verschwunden. Mein Vater war eingenickt und wieder aufgewacht, und dann ging er ins Bett. Wie sein Fortgehen zur Arbeit und sein Heimkommen, so ging auch sein Schlafengehen jeden Abend in der gleichen unveränderlichen Ordnung vor sich. Er ging langsam zum Fenster und sah den Himmel an und zog die Luft ein; dann wußte er genau, wie das Wetter am nächsten Tage sein würde. Dann ging er zur Küchentür, kratzte sich schläfrig hinter dem Ohr und sagte: »Na, dann will ich mal verschwinden.« – »Gute Nacht, Vater«, sagte ich, und auch meine Mutter sagte: »Vater, gute Nacht.« Dann ging er noch mal aufs Klosett, dann in die Schlafkammer, und wir konnten hören, wie er die alte Uhr aufzog. Wir wußten, daß er sich dann auszog und Hose, Hemd, Socken auf den Stuhl bei seinem Bett legte; wir hörten, wie er sich mit einem behaglichen Seufzer ausstreckte. Das alles tat er im Dunkeln, denn Gaslicht hatten wir nur in der Küche, und wenn wir abends in der guten Stube oder in den Schlafkammern Licht brauchten, mußten wir eine kleine Petroleumlampe oder eine Kerze anzünden.
Nach einer Weile war die Reihe an mir. »Und jetzt

machst du dein Buch zu«, sagte meine Mutter, die immer etwas zu flicken oder zu stopfen hatte, »'s ist höchste Zeit für dich.«
Heute abend antwortete ich nicht: »Noch eine Viertelstunde, Mutter«; ich schloß mein Buch, ich wusch mir die Füße, ich sagte: »Gute Nacht, Mutter.«
»Gute Nacht, Kleiner«, sagte sie. »Und mit Karl wird's schon werden, da mach dir nur nicht soviel Gedanken«, als hätte sie gewußt, daß ich an ihn gedacht hatte. »Und ehe du einschläfst, denk noch hübsch an ihn. Natürlich wird er wieder gesund.«
Ich ging im Dunkeln durch die Schlafkammer, in der die Betten meiner Mutter und meiner Schwester standen, zog mich aus, zog mein Nachthemd an, und dann lag ich im Bett. Ich war gesund, und mit Karl war es kritisch. Vielleicht schlief er schon; vielleicht saß die Schwester an seinem Bett und sah ihn sorgenvoll an und wischte ihm die Stirn ab. Vielleicht war es eine der Schwestern, die ich gesehen hatte, als ich eines Nachmittags allein zum Städtischen Krankenhaus hinausgegangen war, weit draußen, am Rande des Stadtparks, und ich hatte dem Krankenhaus gegenüber auf einer Bank bei der Haltestelle der Straßenbahn gesessen und zu den Fenstern hingesehen; aber natürlich konnte Karl nicht aufstehen; und nach einer guten Weile war ich wieder gegangen.
»Die Unzertrennlichen«, hatte Herr Hahnfeld, un-

ser Deutschlehrer, uns genannt, und er hatte zwei Namen gebraucht, griechische, wie er sagte. Er hatte recht; wir waren unzertrennlich. Doch jetzt und schon seit Wochen waren wir getrennt, und eigentlich schämte ich mich, daß ich mit den anderen Jungens schwimmen ging und daß wir dann im Schilf lagen und Zigaretten rauchten; aber natürlich konnte ich nicht den ganzen Tag zu Hause sitzen. Und was für einen Sommer hatten wir geplant. Wir wollten oft in die Aue gehen, in die weiten Wiesen jenseits der Saale, denn dort gab es alle möglichen Arten von Vögeln, sogar Reiher. Und vielleicht hatten wir sogar genug Geld, um nach Halle zu fahren und die Vögel im Zoologischen Garten zu sehen; na ja, das war so eine Idee, denn bis auf einen Groschen luchste mir meine Mutter immer das Geld ab, das ich von der Zeitung bekam. Und dann wollte ich Karl das Schwimmen beibringen; dazu brauchten wir keinen Schwimmlehrer. Mein Bruder Hermann hatte es mir auf die einfachste Weise beigebracht; er hatte mich ins Wasser geworfen, wo es tief war, und war hinterher gesprungen und hatte gesagt: »Hundepaddeln, nichts wie Hundepaddeln, du ersäufst schon nicht.« Jetzt sprang ich vom Drei-Meter-Brett herab.
Ich lag im Bett und dachte an Karl, mit dem es kritisch war, und wie ich da lag, hörte ich die Atemzüge meines Vaters, die ganz regelmäßig

kamen und gingen. Wenn mein Vater arbeitete, dann arbeitete er; und genauso war es mit dem Essen und Schlafen, dann gab's nichts anderes. Aber ich wollte wach bleiben. Ich mußte es, denn Karl brauchte mich. Ich hörte, wie nun auch meine Mutter ihren langen Tag beendete. Morgen früh halb fünf war für sie die Nacht zu Ende, denn wenn mein Vater sich rührte, wachte auch sie auf, ohne einen Wecker zu gebrauchen, stand auf, wärmte ihm den Kaffee, schnitt ihm ein paar Scheiben Brot ab, die er mit Rübensaft bestrich, und machte ihm die Brote für sein Frühstück zurecht, die er mitnahm.

Ich hörte, wie sie den Schlüssel aus dem Schloß der Wohnungstür herausnahm, damit meine Schwester und mein Bruder aufschließen konnten; wie sie in die Schlafkammer kam, sich in ihr Bett legte und ein paarmal tief atmete; nun konnte sie es tun, nun war der Tag wirklich vorbei. Und ich wußte, daß sie an Karl dachte, denn sie hatte gesagt, daß sie das tun wollte. Aber zuerst mußte sie natürlich an unsere Jungens denken, die draußen waren, denn Karl war ja schließlich nicht ihr Sohn. Dann hörte ich, daß sie eingeschlafen war, und nun hoben und senkten sich die Atemzüge meines Vaters und meiner Mutter, sie verwoben sich miteinander und trennten sich, um wieder zusammen zu kommen; als sprächen sie miteinander.

Aber ich wollte nicht schlafen; ich durfte es nicht. Ich lag ausgestreckt in meinem Bett und sah, wie die Dunkelheit lichter wurde, wie aus der Nacht etwas wie ein bläulich-silberner Tag wurde oder eine Dämmerung, ganz außer der Zeit; der Mond schien in die Schlafkammer. Jetzt sah ich den Stuhl, auf dem die Sachen meines Vaters lagen; auch Hose, Hemd und Socken ruhten sich aus. Ich hörte aus der Ferne einen Güterzug langsam in den Bahnhof rollen. Langsam kam er zum Halten, die Puffer der Wagen stießen zusammen, und das Klirren und Stoßen setzte sich von Wagen zu Wagen fort. Dann war es einen Augenblick still, und dann hörte ich den fernen, schrillen Ton einer Signalpfeife, und eine zweite antwortete vom Ende des Zuges; dann setzte sich der Zug langsam wieder in Bewegung und rollte durch den Schlaf unserer Stadt davon. Und nach einer Weile hörte ich es vom Turm der Stadtkirche schlagen, von weither und aus großer Höhe. Ich zählte die Schläge; es war elf Uhr. Sie sagten mir: schlaf nicht ein, du mußt wach bleiben. Ich hörte die Bäume auf der Straße rauschen. Sie waren noch jung, aber sie hatten Laub genug, um, vom Atem der Nacht berührt, zu flüstern. Ich hörte Schritte, die eines Mannes und eines Mädchens, denn sie machte kleinere Schritte und konnte mit seinem nicht Schritt halten; und als sie unter unseren Fenstern waren, sagte der Mann: »Das ist eine

Nacht, wo man überhaupt nicht schlafen möchte.«
»Das ist wahr«, sagte die Stimme des Mädchens, »ich bin auch noch nicht müde«, und ich erkannte die Stimme meiner Schwester.
»Weißt du, was ich jetzt möchte?« sagte der Mann. »In der Saale schwimmen. Du glaubst nicht, wie schön das ist, ganz anders als sonst«, und als ich das hörte, dachte ich, daß wir das auch einmal tun mußten, Karl und ich und die anderen Jungens, nachts in der Saale schwimmen, von der Brücke bis zum Wehr, das heißt, wenn Karl schwimmen gelernt hatte, in diesem Sommer.
»Du bist ja verrückt«, sagte meine Schwester, »und du denkst ja auch gar nicht ans Schwimmen.« Der Mann lachte. »Kannst du überhaupt schwimmen?« sagte er.
»Wie eine Ente«, antwortete meine Schwester, »aus Blei«, und sie lachten beide, und ihre Stimmen und ihr Lachen gehörten genauso gut zur Stille der Sommernacht wie das Rauschen der jungen Bäume, das Schlagen von der Stadtkirche, das Zusammenstoßen der Puffer am Zuge, es war alles aufgehoben in der Nacht.
Dann wieder nach einer Weile hörte ich, wie ein Schlüssel leise ins Schloß geschoben und herumgedreht wurde. Ich wußte, daß sie beide noch in der Haustür gestanden und sich geküßt hatten; die konnten mir doch nichts vormachen.

»Bist du's, Frieda?« sagte meine Mutter.
»Ja, Mutter.«
Sie hatte geschlafen, aber sie war auch wach gewesen; richtig schlafen konnte meine Mutter nur, wenn sie alle zu Hause wußte; ausgenommen unsere beiden Jungens natürlich, die draußen waren.
»Wie spät ist's denn?«
»Halb zwölf.«
»Schon wieder so spät. Wo der Junge nur so lange ist. Der Poussierstengel«, und dann wurde sie still und schlief wieder ein; und nach einer Weile hörte ich, wie meine Schwester in die Schlafkammer kam, sich hinlegte und ausstreckte, herzhaft gähnte, und plötzlich schlief sie ein. Jetzt stiegen und sanken drei Atemzüge wie drei Stimmen, gleichmäßig, jede in ihrem eigenen Gang.
Doch ich schlief nicht. Ich durfte es nicht. Ich durfte es noch nicht; Blutsbrüder schlafen nicht, wenn es einem von ihnen schlecht ging; wenn es mit einem von ihnen kritisch ist; dann halten sie Wache. Und so war es; ich war die Wache. »Du mußt hübsch an ihn denken«, hatte meine Mutter gesagt, und in der Stille der Sommernacht, wach und den Schlaf wie Sand drückend in meinen Augen, dachte ich an ihn. Ich lag in meinem Bett, umschlossen vom Gewebe der Atemzüge, und ich streckte mich aus, doch anders als mein Vater, meine Mutter und meine Schwester. Ich lag ganz still, die Arme über der Brust gekreuzt, ohne

Bewegung, wie die Yogis in Indien, von denen Herr Hahnfeld uns in der Erdkundestunde erzählt hatte. Ich dachte an Karl. Ich dachte: ich denke an dich. Ich preßte meine Gedanken zusammen, bis sie so hart waren wie ein Diamant, und dann schickte ich ihn fort, zu ihm. Wie ein Vogel löste er sich von mir. Er schwebte durch das offene Fenster, die Luisenstraße entlang zur Weißen Mauer und dann den Geleisen der Straßenbahn folgend zum Städtischen Krankenhaus. Er trat durch alle Türen ein, er schwebte in das Zimmer, in dem Karl lag, und ließ sich auf das Bett nieder, leicht wie ein Vogel, ohne Gewicht. Und der Wunsch, den ich zu Karl geschickt hatte, verwandelte sich, wie ich es in Märchen gelesen hatte, er nahm eine andere Gestalt an, er wurde zu mir selber, und ich war es, der an Karls Bett stand, ungesehen von ihm, sein Blutsbruder, der Wache hielt und ihn schützte vor ihm, der nun kam und ihn mir wegnehmen wollte; und auch er, der Tod, kam leicht wie ein Vogel, doch ein Vogel der Nacht, ein huschender Schatten, und ich stand, ihn erwartend, am Bett.
»Wer bist du?« sagte er, und seine Stimme klang wie das Rauschen der jungen Blätter an den Bäumen vor unseren Fenstern, wenn der Hauch der Nacht sie berührte.
»Walter Bauer«, sagte ich, »sein Freund.«
»Fort«, flüsterte er, »er gehört mir«, und ich fühlte

die Kälte seiner Hand, als er die meine ergriff, um mich fortzunehmen von dem Bett, und diese Kälte durchdrang mich bis ins Herz.

Und wir rangen, lautlos, grimmig, in der silberbläulichen Helligkeit des Mondlichtes, im Geweb der Atemzüge.

»Sieh mal einer den kleinen Hecht an«, sagte er, »wie stark der sich macht. Junge, Junge, du bist stark.« Und er lachte ein kaltes Laches, anders als das Lachen des Mannes vorhin vor unseren Fenstern.

»Stärker als der Tod«, rief ich. Und wieder rangen wir, stumm, und ich hörte die Schläge vom Turm der Stadtkirche, und zitternd in den Händen des Todes zählte ich die Schläge, von fernher hallend, eine Mahnung, eine Warnung, Vivos voco, wie Herr Hahnfeld sagte; es war Mitternacht.

»Gut«, sagte er, »du hast gesiegt. Ich hole ihn nicht. Er gehört dir. Eines Tages –«

»Noch lange nicht«, rief ich, »in hundert Jahren«, und lachte, lautlos, um Karl nicht aufzuwecken. Und der Tod sah mich an, daß ich erschauerte, und er ging, ein Schatten, leichter als der Flugschatten eines Vogels; und als ich wußte, daß er gegangen war – denn auch der Tod bricht nicht sein Wort – ging auch ich, und ich schwebte zurück durch die Stille der Sommernacht, über die Bäume, Häuser und Straßen unserer Stadt, in der Höhe der Wolken, hell wie Schnee im Mond.

Ich schlüpfte in mich hinein, und ich streckte mich aus. Ich schlief ein, ruhig und ermüdet, als hätte ich ein langes Tagewerk verrichtet. So war es ja auch. ich hatte getan, was Freunde tun.
Dann kam auch mein Bruder nach Hause; und er konnte noch so leise sein, meine Mutter hörte ihn doch.
»Na du Poussierstengel«, sagte sie, »kommst du endlich? Aber das sag ich dir, morgen früh heißt's raus aus den Federn.« Dann schlief sie ein; nun waren alle zu Hause.
Er hielt sein Wort. Der Morgen kam, wir standen alle auf, jeder zu seiner Zeit. Ich ging zur Schule, und Herr Bode nannte mich eine Schlafmütze, weil ich nicht aufpaßte, und ich streifte die Beleidigung ab, ich hatte an andere Dinge zu denken. Ich saß auf meiner Schulbank, und ich hielt Wache am Bett meines Freundes, meines Blutsbruders. Man wußte nie; wie meine Mutter sagte.
Als ich am frühen Abend Hedwig traf, sagte sie mir, daß es mit Karl nicht mehr kritisch war; es ging ihm besser, er war aufgewacht und hatte gesagt: »Ich bin hungrig.« Ich lächelte. Gut. Sehr gut. Er hatte sein Wort gehalten; und ich wußte, warum. Ich wußte es. Ich wußte es. Ich wußte es.

Der Schnee und die Sterne unten

In jenem Winter sah es aus, als ob überhaupt kein Schnee kommen wollte, und die Leute sagten, daß wir grüne Weihnachten feiern würden. Weiß oder Grün, nach Feiern war uns sowieso nicht zumute; im Herbst jenes Jahres war mein dritter Bruder geholt worden; es war das Jahr 1916. Meine beiden anderen Brüder waren schon seit zwei Jahren fort. Fort, ja, der eine lag vor Verdun, und der andere fror in Rußland, erbärmlich, wie er uns in den grauen Feldpostbriefen schrieb, die er uns schickte, nicht oft übrigens, und die ich meiner Mutter in die dampfigen Waschhäuser brachte, wo sie die Wäsche anderer Leute wusch. Mein Vater, als Fuhrmann, war noch zu Hause; aber die guten Pferde, die er gehabt hatte, waren ihm längst genommen worden, und wie lange er noch bleiben würde, war nicht sicher; sie holten jeden. »Paß auf, Bauer« – oder sie sagten auch Walter, je nachdem, wie sie mich kannten – »paß auf, Bauer, paß auf, Walter, wenn der Krieg nicht bald aufhört, haben sie dich auch noch beim Schlafittchen.« Vielleicht. Ich war zwölf. Um auf mich zu warten, mußte der Krieg noch fünf Jahre dauern. Es hatte längere Kriege gegeben, zum Beispiel den Dreißigjährigen Krieg, wir hatten zur Erinnerung daran noch eine Schwedenschanze in der Stadt, und nicht weit von unserer kleinen Stadt, bei Lützen auf den weiten Feldern im November, hatte Gustav Adolf gesiegt und war verwundet worden und gestorben. Natürlich hatten sie auch die jungen und jüngeren Lehrer schon geholt, und mit Ausnahme von Herrn Hahnfeld, dem furchtbar strengen Herrn Bode und dem Rektor tanzten wir den alten Lehrern nur so auf dem Kopfe herum. Wie meiner Mutter zumute war, brauche ich kaum zu sagen; wie eben einer Mutter zumute ist, die drei Söhne draußen hat. Aber ich wollte vom Schnee sprechen, und da gab's eben keinen.

Es war kalt, aber es sah aus, als ob überhaupt kein Schnee kommen wollte. Eine dicke Jacke hatte ich; meine Schwester arbeitete in einer Wäscherei, und sie hatte, wie man sagt, Kontakt mit französischen Gefangenen, die Wäsche brachten und manchmal einen Mantel gegen Brot umtauschten, und Brot bekam sie hintenherum. Die Kriegsgefangenen, Franzosen in hellblauen Mänteln, Russen in langen erdfarbenen, Engländer in braunen, waren in dem Gefangenenlager auf dem großen Exerzierplatz vor der Stadt. Sonntags im Sommer und bis zum frühen Herbst gingen wir, meine Freunde und ich, hinaus, um sie zu sehen; da wanderten sie hinter dem Stacheldraht langsam auf und ab, und die Russen sangen manchmal Lieder, sie klangen nach ferner, fremder Erde, auf der mein Bruder Otto so erbärmlich fror, und manchmal erhob sich aus dem Grunde der Stimmen eine einzelne helle Stimme wie der Flug eines Vogels, der über den Drahtzaun hinweg wollte. Aber er konnte nicht, da waren Wachen, Landsturm, wie dann mein Vater einer sein würde; aber es war 1916, sie ließen ihm noch etwas Zeit. Wer das »sie« war, brauche ich nicht zu erklären; dieses »sie« ändert sich nie. Aber zurück zum Schnee, der in jenem Jahr nicht kommen wollte. Mein Vater war anderer Meinung, er sagte, der würde schon kommen, und zwar recht bald; mein Vater war vom Lande und konnte das Wetter voraussagen, wenn er bloß den Finger hob oder das Abendrot ansah. Aber die Leute schienen auf grünen Weihnachten bestehen zu wollen. Oder war es grau, feldgrau, grau wie der Nebel?

Nun also, ich hatte meine Zeitungen ausgetragen, und der alte französische Feldbeutel war ganz ansehnlich mit Äpfeln, Nüssen und ein paar Pfefferkuchen gefüllt, die ich in den Häusern bekommen hatte, wo ich mit Betonung klingelte und dann mit noch mehr Nachdruck sagte: »Der Zeitungsjunge.« Nicht jeder schien zu verstehen, was es mit dem Wort auf sich hatte; immerhin, der Beutel hatte einen hübschen Bauch.

Und dann schlenderte ich durch die kalte Dämmerung zum Weihnachtsmarkt auf dem Platze vor dem alten Rathaus. Nun, den will ich nicht beschreiben, sonst kann ich mich davon überhaupt nicht trennen. Es war Krieg, und so war auch mit dem Weihnachtsmarkt nicht mehr viel los, aber da, in den Buden und Ständen, war eben Licht, da war Zauber; und ich war zwölf, die Wolken, die über der Welt hinzogen, berührten mich wohl, aber sie durchdrangen mich nicht. Und dann war da ein kleiner Wald auf dem Markte; ein Wald von Tannen war vom Lande in unsere kleine Stadt gekommen, und das Licht glänzte auf den Zweigen der teuren Silbertannen. Unser Baum, nicht zu groß, nicht zu klein, genau, was wir brauchten, hing übrigens schon seit einer Woche vor dem Fenster der Küche, damit er in der Wärme nicht zu früh die Nadeln verliere. Ich hatte ihn dort angebunden, und ich hatte ihn auch besorgt; im Stadtpark weit draußen standen eben doch die schönsten Bäume. Im vergangenen Jahr war ich mit meinem Bruder draußen gewesen; aber er war nicht mehr da, und so mußte ich mich eben um solche Sachen kümmern. Es war Krieg, wie ich schon sagte, 1916; und damals wußten wir noch nicht, daß mein Bruder überhaupt nicht mehr dasein würde. Natürlich sagte ich meiner Mutter nicht, woher ich den hübschen Baum hatte; ich hatte ihn als Bezahlung bekommen, weil ich einem Verkäufer geholfen hatte.

Doch dieser kleine Wald auf dem Marktplatze war zauberhaft, mit den dunklen Bäumen im Licht, mit den Leuten, die sich trotz des Krieges einen

Baum aussuchten, mit den alten Bauern in dicken Halstüchern und warmen Fausthandschuhen, die diesen Wald stückweise verkauften und in den Pausen ihre Arme wie Flügel gegeneinander schlugen, um sich aufzuwärmen; und ich schlenderte so in den Gassen zwischen den Bäumen dahin, meinen französischen Feldbeutel umgehängt. Auch vor den Buden stand ich, wo Bleisoldaten verkauft wurden; aber ich ließ lieber die Hände davon. Ich aß einen Apfel, kalt wie Eis; ich spürte den Saft auf meinen Lippen. Unser Baum war schöner als alle, die ich sah.

Und plötzlich erblickte ich in der zunehmenden frostigen Dämmerung, vom Geräusch der Schritte und dem Ton von Stimmen erfüllt, den Turm unserer Stadtkirche. Mächtig und schweigend stieg er empor, ein dunkles, stummes Wesen, der Hirt vieler Häuser, die wie eine Herde zu seinen Füßen lagen, dunkel, unnahbar. Er zog meinen Blick an sich, er führte meinen Blick empor, über die Buden und den Wald auf dem Weihnachtsmarkt, über die Dächer der Häuser, über das lange Dach der Kirche, empor und höher, er schien zu wachsen, während meine Blicke an ihm emporstiegen, immer höher, bis dorthin, wo die Spitze des Turmes die Dämmerung berührte; dort oben lebte der Türmer. Und als ließe der Turm mich nicht mehr frei, ging ich durch die Gassen zwischen den Bäumen, zwischen den Buden, über den Markt und wieder durch eine schmale Gasse, die zu einem kleinen Platz zu Füßen des Turmes führte; und ich fand die kleine Tür. Ich wußte, daß sie da war, ich hatte schon früher meine Hand auf die kalte Klinke gelegt und die Tür geöffnet und schnell wieder geschlossen, wenn ich sie unverschlossen gefunden hatte; da war so viel Stille, unheimlich; wie einer da oben und so allein leben konnte, verstand ich nicht.

Die Tür war offen. Ich lauschte hinein, die kalte Stille wehte mich an. Ich trat ein, und ich begann, in dieser Stille, die nach Leere, nach vielen vergangenen Jahren roch, die steinernen Stufen der Wendeltreppe emporzusteigen, langsam, vorsichtig, als wüßte ich nicht, was der nächste Schritt bringen würde; aber ich ging, ich stieg empor, als würde ich gezogen; so etwas gibt es doch, man geht, man wird gezogen, und man weiß nicht, was man finden wird. Plötzlich hielt mich etwas an, es faßte mich von hinten bei der Schulter, alles an mir zuckte zusammen und blieb einen Augenblick erstarrt: eine Stimme irgendwo unter mir begann zu reden, fern, geheimnisvoll hallend; dann war Stille wieder, und auf einmal fingen Stimmen zu singen an. Der Turm, der mich umschloß, kalt und steinern stumm, hatte eine Stimme bekommen; er sang mit den Stimmen von Mädchen, Männern und Knaben. Der Kirchenchor sang; sie probten für Weihnachten, für den Gottesdienst am ersten Feiertag. Der Organist der Stadtkirche war einer unserer Lehrer, Löchelt, ein kleiner, alter, eisengrauer Mann. Wir nannten ihn nur den alten Löchelt. Der Kantor des Kirchenchores von St. Maximi war auch ein Lehrer in unserer Schule, er hieß Sachse und gab uns Singstunden, und manchmal suchte er Jungens aus meiner Klasse und anderen Klassen aus, die dann im Kirchenchor sangen. Mich nahm er nicht; nein, das konnte er auch nicht, ich sang gern, aber bei mir war der Stimmwechsel zu früh gekommen. Da sangen sie also, und es war, als hätte der stumme, kalte Turm eine Stimme bekommen; als tönte er; ganz merkwürdig war das. Es kam von weither, wie aus einem Grab. Aber ich stieg nun getrost weiter empor. Ich war nicht mehr so allein, und ich stieg wie im Innern von etwas, wie in einem starren, kalten Leibe aufwärts; und ich hörte die singenden Stimmen, doch ferner nun, wie einen feinen hallenden Atem, wie ein wohltönendes Flüstern.

Ich stieg empor. Durch die Fenster im Leibe des Turmes sah ich die Dämmerung draußen, doch das Draußen war so fern, so still; mein Herz klopfte. Die Stufen wurden schmaler und kühler, sie wurden kälter und stummer. Wie ein Geist, mit meinem französischen Feldbeutel, huschte ich hoch oben an der Wohnung des Türmers vorbei, und gezogen, geführt – aber wovon? oder: von wem? – stieg ich in der regungslosen Kälte empor, und mir war, als würde ich ganz leicht. Ich öffnete leise eine schmale Tür, ich schloß sie hinter mir, und ich schwankte, als ich mich umwandte, und hielt mich fest. Der Himmel überfiel mich.

Die ungeheure, stimmenlose Leere des Himmels überfiel mich, und ich stand da, zitternd vor Kälte, in der leeren, einsamen Winterluft, kalt und scharf wie ein Messer. Ich sah um mich, da war nichts als Leere und Stille. Zum erstenmal war ich allein, ohne Vater und Mutter, ohne Brüder und Freunde, ohne Lehrer, ohne irgend jemanden und irgend etwas; ganz allein, und das war furchtbar. Und da, in dieser leeren, stummen Höhe, höher als jemand in unserer Stadt und in der ganzen Welt, da sah ich die ersten Schneeflocken des Winters fallen; wieder und wieder, sie schwebten herab wie winzige weiße Blättchen oder wie Ascheflöckchen. Ich streckte meine Hand aus, und die Flocken fielen darauf. Sie bedeckten langsam meine Hand mit einem feinen, weichen Flaum, und sie schwebten und sanken herab, gewichtlos und ohne Laut, mehr und mehr nun, als würde der riesige dunkle Raum über mir ein einziges weißes Fallen. Ich hatte das Kommen des Schnees noch nie so gesehen, und ich sah ihn kommen, ich war der Geburtsstätte des Schnees näher als sonst einer.

Langsam, behutsam bewegte ich mich von der Tür zur Brüstung. Ich hielt mich fest am schneebedeckten Stein, als könnte ich fortgeweht werden, und langsam erhob ich meinen Blick in Furcht und Zittern. Dann stürzte mein Blick in die Tiefe, hilflos zuerst, er zersplitterte unten in stummem Fall. Mein Blick begann die dunkle Tiefe abzutasten; er erkannte die Häuser, die Straßen in fernen Umrissen, und langsam brachte er das Gefundene zu mir empor in die Leere, in das Schweigen des fallenden Schnees. Wieder und wieder sank mein Blick hinab; er brachte das alte Rathaus zu mir, den Markt mit Lichtern und stummen Schatten in den hellen Gassen, den Wald der Tannen, nun zu einem dunklen Fleck geworden. Und dann, als würde mein Blick frei von Furcht vor der Höhe, dem riesigen, drohenden Schweigen des Raumes um mich und über mir, in dem es flüsterte und wehte, als hätte der Schnee eine Stimme, dann sah ich die Lichter der Stadt wie Sterne, wie einen kleinen und ganzen Sternenhimmel tief unten, wie einen Himmel, der sich die Erde als Ort gewählt hatte, mit Milchstraße und Sternenhaufen und einzelnen Sternbildern und fernen, einsamen, fast verlöschenden einzelnen Sternen am Rande dieses Himmels. Und ich hatte plötzlich keine Furcht mehr, ich sah und erkannte, zum ersten Male, daß ich dort unten zu Hause war, auf der Erde dieser warmen, freund-

lichen Sterne, und von Kälte und dem Geheimnis der Höhe umringt, hatte ich Sehnsucht nach der Wärme der Erde. Ich wollte den Sternen dort unten nahe sein; und ich fühlte, zum ersten Male, zitternd fühlte ich es, daß ich dort leben würde. Die Erde war meine Heimat, lange, immer.
Dichter fiel der Schnee nun, das Fallen war wie ein Strom ohne Ufer nun, fallend in flüsterndem Schweigen. Der Schnee fiel auf mich in der Höhe des Turmes, er fiel auf meine Stadt, auf die Erde, auf unser Haus, auf das Gefangenenlager, auf meine Brüder draußen, auf Rußland, auf Frankreich, auf Verdun, auf den Krieg im zweiten Jahr. Er fiel auf alles, auf Leben, auf Tod, auf das Meer, auf fahrende Züge, auf Scheunen, verlassen am Rande von Bethlehem, auf Krippen, auf alles. Und ich hatte Sehnsucht, dort unten zu sein, zu Hause zu sein, am Tische zu sitzen, an dem meine Mutter Brot schnitt und die Teller füllte.
Ich ging zur Tür und verließ die Höhe, ich stieg hinab durch die stumme Kälte im Leibe des Turmes, und ich atmete auf, als ich den singenden Stimmen nahe kam, näher, durch sie hinabstieg, zur Erde hinab. Ich flog die Treppe abwärts, ich riß die Tür auf – ah, da war die Erde, gut, fest, warm, die Erde der Sterne; da war ich zu Hause. Ich war plötzlich von Sehnsucht nach meiner Mutter und meinem Vater überwältigt, wie nach Sternen aller Sterne; und ich rannte nach Hause.

Die Geige

»So ein Geschenk«, sagte mein Vater, »kriegst du dein ganzes Leben nicht wieder, das laß dir gesagt sein, mein Junge; und damit hat sich's dieses Jahr für Weihnachten.« Und zu meiner Mutter sagte er: »Ich weiß überhaupt nicht, wie wir das schaffen sollen, Mutter, anstatt gleich was zu verdienen, sitzt uns der Junge noch jahrelang auf der Tasche.«
»Wir schaffen's schon, Vater«, sagte meine Mutter, »und jetzt kannst du sowieso nicht mehr reden, nun hat er sie ja schon; oder soll er sie zu Herrn Fortner wieder zurückbringen?«
»Na ja, das ja auch nicht . . .«
»Na also, Vater. Aus dem Jungen soll doch was werden, und wenn er sich richtig auf die Hosen setzt, kriegt er bald ein Stipedi – Stipendium oder was es ist.«
»Klar kriege ich das«, sagte ich, »der Direktor hat mir's doch selber gesagt.«
»Na also, Vater.«
Und mein Vater nahm die Zeitung, die er auf den Tisch gelegt hatte, wieder in beide Hände und las mit der Brille, die er in einer Aschenfuhre gefunden hatte und die sonderbarerweise zu seinen weitsichtigen Augen paßte, die Nachrichten, die immer schlechter wurden; denn das kostbare Geschenk bekam ich im Oktober meines vierzehnten

Jahres, 1918 also, als der Krieg verloren war, auch wenn die Zeitungen es nicht sagten, und alles immer grauer wurde. Herbst war es, Regenzeit, knappe Zeit seit langem, keiner wußte, was der Winter bringen würde, und meine Brüder waren noch draußen, im Westen und im Osten, und der Westen war viel schlimmer, und die Russen hatten Schluß gemacht, schon vor einem Jahr, und hatten eine Revolution.

Ich verstand wohl, was mein Vater meinte; und obgleich ich natürlich hoffte, daß unter dem Baum noch etwas für mich liegen würde (es lag dann auch etwas darunter) – ich hatte soviel bekommen, daß ich ganz zittrig war und mir die Hände an den Hosen abwischen mußte, ehe ich den Kasten öffnete, in dem das unglaublich schöne und teure Geschenk lag; schöner konnte eine Perle in ihrer Muschel nicht ruhen. Bei dem Geschenk handelte es sich wirklich um etwas ganz Außerordentliches, etwas, woran bei uns zu Hause keiner von sich aus gedacht haben konnte: eine Geige; und sie lag dann mit Recht auf dem Weihnachtstisch in unserer guten Stube. Sie war mehr als ein Geschenk, sie war der Schlüssel zu meiner Zukunft. Heute am späten Nachmittag hatte ich sie abgeholt, und jetzt, als wir gegessen hatten, lag der schwarze Behälter auf dem Küchentisch, und ich öffnete ihn, einen magischen Behälter, in dem ein Geheimnis lag; und an diesem Abend vergaßen wir den Krieg und die langen Verlustlisten mit den Namen von Toten, von denen wir manche gekannt hatten, und die Kohlrüben, die graue Seife, das klitschige Brot, das magere Pferdefleisch, nach dem ich stundenlang anstehen mußte.

»Sei bloß vorsichtig«, sagte meine Mutter, »das ist ein teures Stück.« Behutsam entfernte ich das dunkelblaue Tuch, langsam, als wäre sie zerbrechlich, nahm ich die Geige aus dem gefütterten Kasten, und ich hob sie an mein Kinn und fühlte die Kühle des dunkelbraunen Holzes.

»Sie hat einen schönen Ton«, sagte ich, »das hat Herr Fortner selber gesagt, er hat mir darauf was vorgespielt.« Ich nahm den Bogen heraus und spannte ihn vorsichtig, und wieder hob ich die Geige an mein Kinn und führte den Bogen mit zittriger Hand über die Saiten, es krächzte erbärmlich; doch ich hörte, was mein Vater und meine Mutter nicht hören konnten: Musik.

»Da wirst du dich ja ganz schön anstrengen müssen, bis du mal so richtig fiedeln kannst, mein Junge«, sagte mein Vater, »so wie mein alter Kantor, ja, wenn der den ›Hohenfriedberger‹ runterfiedelte, das war was.«

»Klar kann ich mal so spielen«, sagte ich, »nächste Woche fange ich mit den Stunden bei Herrn Hahnfeld an.«

Ohne die Geige konnte ich nicht werden, was ich

nun werden sollte und auch wollte. Ich mußte bei der Prüfung etwas auf der Geige vorspielen, hatte mir der Direktor gesagt, als ich ihn aufgesucht hatte. Ja, das war der Direktor des Lehrerseminars; doch vorher war da der Rektor der Volksschule am Roßmarkt, und vor ihm war Herr Hahnfeld, und alle hatten mit der Geige zu tun, am meisten natürlich meine Eltern, die sie bezahlt hatten.

Bis zum August, als im Westen draußen bei Amiens und Reims alles schiefging und die englischen Tanks alles niederwälzten, hatte ich gewußt, was ich werden wollte, und wenn mich einer fragte, antwortete ich: »Zimmermann – wie mein Bruder Artur.« Er war vor dem Kriege ein wandernder Zimmergeselle gewesen, aber das war lange her, vier Jahre, und so lange nun schon hingen seine Sachen im Kleiderschrank, die Jacke mit den Perlmuttknöpfen, die Hose mit dem weiten Umschlag, die tief ausgeschnittene Weste, alles aus schwarzem Samt, und von Zeit zu Zeit, regelmäßig, bürstete meine Mutter die Sachen, klopfte sie aus und hing sie zum Lüften ans Fenster, damit nicht die Motten hineinkämen; als dächte sie, daß mein Bruder unerwartet jeden Tag nach Hause kommen könnte. Meine Mutter tat das auch mit den Sachen meiner anderen Brüder. Und es sah ja auch aus, als würden sie bald kommen. Hoffentlich kamen sie dann auch ...

Ja, Zimmermann . . ., das wäre das Richtige gewesen, wenn auch mein Vater nicht so recht daran glauben wollte.
»Der und Zimmermann?« sagte er zu meiner Mutter, »der haut ja alle Nägel verkehrt rein. Aber er hat ja eine gute Handschrift und kriegt fast immer Einsen im Aufsatz, da kann er bei einem Aktuar anfangen.«
»Ja, und Bürostift werden«, sagte ich, »und Papierkörbe ausräumen, was? und Briefe zur Post bringen und einen Gummikragen tragen.«
»Du hältst erst mal schön die Klappe, wenn wir über deine Zukunft reden«, sagte meine Mutter, »jeder fängt klein an, sieh deinen Vater an, wie der sich abschindet, jeden Tag, den Gott gibt, um fünf raus. Vielleicht kannst du auch im Rathaus anfangen, ich muß mal sehen, der Junge von Schreppers hat da doch einen Posten.«
Und ich wußte doch, daß es mit dem Aktuar und dem Rathaus nicht weit her war; mein Bruder Hermann hatte auch bei einem Aktuar angefangen, und nach vierzehn Tagen hatte er Schluß gemacht und war Mechaniker geworden; das heißt, weit hatte er's da auch nicht gebracht; als er kaum siebzehn war, letztes Jahr, hatten sie ihn geholt, und nun lag er irgendwo in Flandern.
Mit dem Zimmermann war es also nichts, aber ich brauchte auch keinen Gummikragen zu tragen, und das hatte ich Herrn Hahnfeld zu verdanken,

meinem Deutschlehrer in der alten Volksschule am Roßmarkt. Anfang September nämlich rief Herr Hahnfeld mich in der Pause zu sich. Er war ein älterer, hagerer Mann mit einem blonden Spitzbart; ich habe ihn nie anders gesehen als in einem Gehrock von gelblichgrüner Farbe. Er war der beste Lehrer, den wir hatten, und wenn er uns Gedichte vorlas, hätte ich ihm den ganzen Morgen zuhören können. Er war freundlich und fest, und sogar der große Loel, der lange Lulatsch, vor dem manche Lehrer einfach Angst hatten, benahm sich manierlich. Nicht, daß Herr Hahnfeld mich den anderen vorgezogen hätte; das tat er schon deshalb nicht, weil es mir schlecht bekommen wäre. Doch manchmal rief Herr Hahnfeld mich zu sich, und dann schickte er mich mit einem Briefumschlag zum »Merseburger Korrespondenten«, den ich austrug. Er hatte dann wieder etwas für das Heimatblatt der Zeitung geschrieben, über alte Häuser unserer Stadt oder über einen Ratsherren, der im Dreißigjährigen Kriege gelebt hatte, und wenn es in der Zeitung stand, las ich es und schnitt es aus; dann merkte ich, daß eine Stadt, genau so wie ein Mensch, alt wird, Krankheiten durchmacht, wieder gesund wird und wächst.

Natürlich sagte ich Herrn Hahnfeld nicht, daß ich schon ganze Schulhefte vollgeschrieben hatte, Gedichte und dramatische Szenen, und auch eine

Kunstsammlung hatte ich in einer Mappe angelegt. Constantin Meunier war für mich der größte Bildhauer aller Zeiten, dann folgte Michelangelo; ich hatte mir von dem Groschen, den ich jede Woche vom Zeitungsgeld behalten durfte, einen Druck vom David gekauft, aber als ich ihn in der Schlafkammer an die Wand heften wollte, sagte meine Mutter: »Solche unanständigen Sachen kommen mir nicht an die Wand, nicht bei uns, wir sind anständige Leute. Hast du denn überhaupt keinen Anstand im Leibe? Na sowas, so'n nackiger Mann an der Wand.«

Anfang September also, als meine Mutter manchmal zu meinem Vater sagte: »Was machen wir nur mit dem Jungen, der muß doch was werden«, rief Herr Hahnfeld mich in einer Pause zu sich.

»Du kommst doch nächstes Jahr aus der Schule«, sagte er, »was willst du denn werden?«

Ich sagte, daß ich ganz gern Zimmermann würde wie mein Bruder Artur, aber meine Eltern dächten, ich sollte im Rathaus Schreiber werden.

»Das ist nichts für dich«, sagte Herr Hahnfeld, »das wäre ein Jammer. Du bist doch ein heller Kopf, Bauer, ich kann dir nur immer eine Eins im Aufsatz geben. Du interessierst dich doch auch für ganz andere Sachen. Wie wär's denn, wenn du Lehrer würdest?«

Ich und Lehrer? Dazu hätten wir kein Geld; das war ausgeschlossen.

»Es kostet nicht soviel, wie du denkst, und wenn du fleißig bist, kannst du ja ein Stipendium bekommen, und dann kannst du ja auch Nachhilfestunden geben. Allerdings, und da liegt der Hase im Pfeffer, brauchst du eine Geige, du mußt bei der Prüfung etwas vorspielen, und die kostet eben doch eine ganze Menge. Aber was wichtiger ist: Möchtest du denn Lehrer werden?«

O ja – natürlich wollte ich. Aber es war ausgeschlossen.

»Ich werde mal mit dem Rektor reden. Und du fragst deine Eltern, was die meinen.«

»Die sagen gleich nein«, sagte ich, »das hat gar keinen Zweck.«

Das ist wahr: Zuerst sagten sie nein, und ich verstand das ja auch. In unserer Familie hatte es noch nie einen Lehrer gegeben, mein Vater war, seitdem er sein Dorf verlassen hatte, ungelernter Arbeiter gewesen, und dann war er Fuhrmann geworden; und meine Brüder waren Zimmermann, Mechaniker, Modelltischler; und meine Schwester bügelte in der Wasch- und Reinigungsanstalt von Otto Zielke. Und nun wollte ausgerechnet der Kleine so hoch hinaus. Meine Mutter dachte an die sechs Jahre, die es dauerte, bis ich einen Pfennig verdiente, mein Vater sagte nur: »Und wer soll das bezahlen?« Und dann sagten sie doch ja, nämlich als eines Abends nach dem Abendbrot Herr Rothe, mein Rektor, zu uns kam und mit ihnen redete. Das gab eine ganz schöne Aufregung bei uns, als ich meiner Mutter sagte, daß er käme, und meine Mutter wischte, ehe er kam, noch einmal mit dem feuchten Wischlappen über die Wachstuchdecke auf dem Küchentisch. Ich hörte nicht, was sie miteinander redeten, denn meine Mutter schickte mich in die Schlafkammer, und dort stand ich im Dunkeln am Fenster, und ich sah die Züge auf der Straße jenseits unserer Straße langsam vorüberrollen; und dann rief meine Mutter mich zurück und sagte, daß Herr Rothe meinte, ich sollte Lehrer werden, und sie dächten das nun auch; auch mit der Geige würde es schon gehen. Als ich dann Herrn Rothe zur Wohnungstür brachte, lachte er und sagte: »Viel Glück, Herr Kollege.«

Es war natürlich nicht so einfach, wie es klingt. Zum Beispiel mußte ich zum Direktor des Lehrerseminars gehen, um mich für die Aufnahmeprüfung anzumelden, und ich ging allein hin, weil meine Mutter keine Zeit hatte, und gab ihm einen Brief von meinem Rektor, in dem allerlei stehen mußte, denn Herr Golling sah mich über seine halben Brillengläser hinweg an und sagte: »Da haben wir ja was Gutes gefangen.« Und zum Beispiel mußte ich auch allein zum Herrn Seminaroberlehrer Fortner gehen, um die Geige abzuholen. Alles mußte ich eben allein machen, und dann schwitzte ich wie verrückt, und meine

Hände wurden feucht, so daß ich sie an der Hose abwischen mußte. Herr Hahnfeld hatte mit Herrn Fortner, der sein Freund war, wegen der Geige gesprochen, und er wollte eine besorgen. Nun war sie gekommen; nun gab es kein Zurück mehr. »Wenn wir was kaufen«, sagte mein Vater, »dann wird bezahlt, reelle Ware, reelles Geld«, und meine Mutter ging zur Sparkasse und hob den Betrag ab; es war eine Menge Geld, die sie für mich ausgaben. Nun, vielleicht war es gut, daß meine Eltern die Geige von den paar Ersparnissen kauften, die sie im Laufe der Jahre als Notgroschen zur Sparkasse gebracht hatten, denn ein paar Jahre später verloren sie das bißchen Geld in der Inflation, als alles zum Teufel ging und wertlos wurde.

So ging ich also am Nachmittag zu Herrn Fortner, und meine Mutter sah in meine Ohren, ob sie auch sauber waren, und auf meine Hände, ob die Fingernägel keine Trauerränder zeigten, und dann steckte sie einen alten Briefumschlag mit dem Geld in die Brusttasche meiner Jacke und machte sie mit einer Sicherheitsnadel zu, damit ich es nicht verlöre.

Lindenstraße zwölf, zweiter Stock; als ich angekommen war, ging ich vor dem Hause auf und ab, um mir Mut zu machen, und ich hörte jemanden Klavier spielen, das war sicher Herr Fortner. Zögernd, mit Herzklopfen, ging ich in das Haus hinein, die Treppen hinauf, auf denen Läufer lagen, so daß ich meinen Schritt nicht hören konnte, und dann stand ich vor der Wohnung. Die Klaviermusik floß und tropfte durch die Tür, ich vergaß eigentlich, weshalb ich gekommen war, so schön war es, und ich wartete, bis Herr Fortner oder wer es war zu spielen aufhörte; dann drückte ich auf die Klingel.

Die Tür ging auf, ein kleiner Mann mit buschigem grauem Haar stand darin und sagte: »Ja? – Ah, Freund Bauer – hab ich recht? Komm herein, mein Freund, deine Geige wartet schon auf dich«, und er ging mir voraus durch einen langen Flur mit Bildern und einem großen Spiegel in ein Zimmer, in dem ein schwarzer Flügel aufgeschlagen stand. Auf dem Schreibtische lagen Notenblätter, an den Wänden erhoben sich Bücherregale, und auf einem anderen, niedrigen Tische sah ich einen Geigenkasten liegen. Ich war noch nie in einem solchen Zimmer gewesen. »Setz dich, mein Freund«, und ich verschwand in einem tiefen Lehnstuhl, »und nun wollen wir mal sehen, wie deine Geige klingt. Aha, hm, hm –«, und er öffnete den Kasten, hob das dunkelblaue Tuch ab, nahm Geige und Bogen heraus, spannte den weißen Bogen, rieb ihn mit Kolophonium ein, bis er leicht stäubte – »hm, hm, aha – weißt du, was ich vorhin gespielt habe, Freund Bauer?«

»Es war schön«, sagte ich, und ich versuchte aus

dem Sessel herauszukommen, und meine Stirn war naß.

»Es ist schön«, sagte er; für einen kleinen Mann hatte er eine volltönende, tiefe Stimme. »Es muß schön sein, es ist Mozart.« Ich hörte den Namen zum ersten Mal.

»Mozart«, sagte er, »Mozart, Freund Bauer, hilft immer, gegen jeden Kummer – den meisten, ja, so ist es« (und später hörte ich, daß sein ältester Sohn gefallen war), »vor allem in solchen Zeiten, beschissenen Zeiten«, und ich zuckte zusammen, weil er so ein Wort gebrauchte, hier, in diesem schönen, stillen Zimmer; bei uns zu Hause war das etwas anderes.

Er stimmte die Geige – meine Geige, die uns allen gehörte –, dann zog er den weißen Bogen in langer Bewegung über die Saiten, und die Töne stiegen aus der Tiefe empor, als hätten sie Flügel, als würden sie gewichtloser, je höher sie stiegen, dann kehrten sie zum Grunde zurück; und dann spielte er etwas, und ich saß auf der Kante des Lehnstuhles und hörte mit Erstaunen und Herzklopfen, wie der kleine Mann mit dem grauen Haarschopf und den tief eingeschnittenen Linien am Munde auf meiner, auf unserer Geige spielte.

»Nicht schlecht«, sagte er, als er aufgehört hatte, »nicht schlecht, mein Freund, du bekommst eine gute Geige für dein Geld.«

Dann legte er sie in den Kasten zurück, bedeckte

sie wieder mit dem dunkelblauen Tuch, entspannte den Bogen und schloß den Kasten.
»Das ist sie, eine gute Geige, und vielleicht wirst du mal ein zweiter Paganini, ha, ha, haha. Aber das braucht Zeit. Nicht ungeduldig werden, Freund Bauer; das ist die Hauptsache.«
Ich stand auf und öffnete die Sicherheitsnadel an der Brusttasche meiner Jacke und gab ihm den Umschlag.
»'s ist alles drin«, sagte ich.
»Gut, gut«, und er zählte die Scheine, die meine Mutter von der Sparkasse geholt hatte. »Auf den Heller stimmt es«, sagte er. »Brave Eltern. Vergiß das nicht, Freund Bauer. Brave Eltern.«
Und ich nahm den Geigenkasten vorsichtig in die Hand, er brachte mich zur Tür.
»Wir werden uns ja wiedersehen«, sagte er, »nächstes Jahr, und dann wirst du mir etwas vorspielen, ohne zu kratzen, hörst du? Herr Hahnfeld ist ein guter Lehrer, bei dem lernst du etwas.«
Ich sagte meinen schönen Dank, die Tür ging zu, und als ich die Treppen hinabging, hörte ich Herrn Fortner wieder spielen, es war die gleiche Musik, und zum ersten Mal an diesem Tage und in meinem Leben hörte ich Mozart.
Ich verließ das Haus nach einer Weile und ging nach Hause, ich überschritt die Hallische Straße, und an den Schranken des Bahnüberganges mußte ich warten, weil ein Transportzug langsam

vorüberrumpelte, langsam, als wären alle, Geschütze und Soldaten, erschöpft. Vorsichtig trug ich das kostbare Geschenk, das kostbarste, das ich je erhalten hatte, und ich trug alle Musik der Welt nach Hause.

Das Bild des Kaisers

Plötzlich klopft es wie mit einer geisterhaften Hand an die Tür; ganz unerwartet. Du allein hörst das Pochen, und du kennst die Tür, nur du. Allein vor deinen Augen öffnet sich der Raum, der nur dir bekannt ist. Du allein trittst ein und siehst Dinge, die kein anderer so sehen wird, wie du sie siehst. Der Raum: die Erinnerung. Vielleicht ist es eine Flucht von Räumen, deren letzten du nie erreichst; vielleicht ist es etwas ganz anderes, das sich in einem Bilde überhaupt nicht ausdrücken läßt. Vielleicht ist es ein »Haus aus Hauch«, das nur unter deinen Schritten nicht zusammenbricht. Aber es ist etwas, in das du eintrittst oder fällst oder schwebst; und du hörst das Pochen, du allein. Das Pochen: irgend etwas, das dich erinnert; ein Ton, so nur von dir gehört, ein Geruch, vertraut nur dir, eine Bewegung. Woher plötzlich das Pochen kommen kann, weiß man nicht.

In diesem Falle war es ein Brief. Ich fand ihn in einer Sammlung deutscher Briefe des zwanzigsten Jahrhunderts, in einem Taschenbuch, das ich vor ein paar Tagen in einer neuen Buchhandlung kaufte, in der Avenue Road, hier, in Toronto in Kanada. Auch das trug, ohne Zweifel, zu der Eindringlichkeit des Pochens bei. Seit ich hier lebe, erinnere ich mich, so scheint es mir, viel deutlicher; der geringste Anlaß genügt, um etwas in Bewegung zu setzen. Alle Briefe in diesem kleinen Bande waren bewegend, jeder auf seine Weise; doch von diesem Briefe ging das Klopfen an die Tür aus; und die Tür öffnete sich.

Er wurde am 9. November 1918 geschrieben, vor einer langen Zeit für uns, die kaum noch imstande sind, über fünfundzwanzig Jahre hinauszudenken, als wäre vorher nichts passiert. Vor Stalingrad und Berlin hat es ja schließlich Verdun und Flandern gegeben; ich meine, wenn man von Orten sprechen will. Hier ist der Brief.

»Lieber Junge, Da der F.(eld) M.(arschall) Mir Meine Sicherheit hier nicht mehr gewährleisten kann und auch für die Zuverlässigkeit der Truppen keine Bürgschaft mehr übernehmen will, so habe Ich mich entschlossen, nach schwerem inneren Kampfe, das zusammenbrechende Heer zu verlassen. Berlin ist total verloren, in der Hand der Sozialisten, und sind dort schon zwei Regierungen gebildet, eine von Ebert als Reichskanzler, eine daneben von den Unabhängigen. Bis zum Abmarsch der Truppen in die Heimat empfehle Ich auf Deinem Posten auszuharren und die Truppen zusammenzuhalten So Gott will, auf Wiedersehen. Gen. von Marschall wird Dir Weiteres mitteilen. Dein tiefgebeugter Vater. Wilhelm.«

Wilhelm der Zweite hatte diesen Brief, in dem das großgeschriebene Ich so merkwürdig auffällt, an seinen Sohn, den Kronprinzen, geschrieben. Der

Brief ist ein Dokument; aber das Wort »Wilhelm« am Ende – das war das Klopfen, das die Tür öffnete. Bei uns zu Hause wurde der Kaiser nie Kaiser genannt, mein Vater und meine Mutter und wir alle nannten ihn, wenn wir überhaupt von ihm sprachen, einfach Wilhelm, als ob wir ihn kennten. Aber natürlich kannten wir ihn nicht, unerreichbar lebte er über uns auf irgendwelchen Gipfeln, und wenn er Tränen gesehen hat, so waren es nicht die Tränen meiner Mutter, als einer nach dem anderen meiner Brüder ins Feld rückte. Auch die Kaiserin wurde bei ihrem Vornamen genannt – Augusta Victoria, nicht einmal das, ganz einfach Auguste. Ich habe von dem Kaiser nur einmal ein flüchtiges Aufblitzen in Weiß und Gold und einen Schnurrbart gesehen, als er während der Kaisermanöver in unserer kleinen Stadt war; wir standen Spalier, und er fuhr rasch vorbei. Meine Mutter mag das Glück gehabt haben, ihn aus größerer Nähe zu sehen, sie war zu der Zeit Aufwartefrau im Schloß; vielleicht hat sie auch noch weniger von ihm gesehen als ich.

Nun, das ist auch gleichgültig, der Kaiser ist lange tot, und meine Mutter ist vor ihm gestorben. Sie haben sich nie gekannt; aber in gewisser Weise hat er dazu beigetragen, daß sie so krank wurde; nur wissen das die großen Leute nicht, sie haben höhere Interessen. In jedem Fall bin ich sicher, daß mein Vater, als seine Söhne weggingen, mit der

Faust auf den Tisch geschlagen hat und gesagt: »Was denkt sich denn der Wilhelm eigentlich, unsere Jungens zu holen?« Wir wußten nicht, was er sich dachte, die Frage und alle anderen Fragen blieben ohne Antwort; die Bergspitzen antworten nie. Nur aus ihren Erinnerungen wissen wir, was sie, vielleicht, gedacht haben und wie ihnen das Glück ihres Volkes am Herzen lag.

Was hätte mein Vater wohl gesagt, wenn er diesen Brief gelesen hätte? Etwas anderes als das, was er sagte, als er abends von der Arbeit nach Hause kam? »Der Wilhelm hat sich aus dem Staub gemacht«, sagte er, »der macht sich's einfach, der haut ab.« Aber aus dieser Nachricht, die mein Vater nach Hause brachte, sprang keine Erregung mehr, wir wußten es schon, meine Mutter, die zur Wäsche ging, meine Schwester, die in der Reinigungsanstalt von Otto Zielke arbeitete, und ich, der nach der Schule am Bahnhof herumlungerte. Damals, als sie auszogen, hatte ich das auch getan. Wie ein Hund war ich neben den Kolonnen in neuem Feldgrau hergerannt; ich hatte am Zaun gehangen, bis die Züge den Güterbahnhof verließen und war durch das Gitter geschlüpft, um ihnen Wasser für ihre neuen Feldflaschen zu bringen.

Jetzt kamen sie zurück. Der Krieg war zu Ende. Die Züge schleppten sich grau und abgenutzt in den Bahnhof, da klangen keine Lieder mehr, da standen keine Inschriften mehr an den Wagen, an den Gewehrläufen leuchteten keine Blumen mehr; grau in langen Mänteln mit grauen Gesichtern im weißgrauen Winter kamen sie zurück; und gegangen war der Kaiser. Ich malte keine Bilder mehr von untergehenden Schiffen, von Schützengräben im Granatfeuer, um sie bei meinen Kameraden in der alten Schule am Roßmarkt gegen Frühstücksbrot einzuhandeln. Ich stand am Bahnhof und wartete auf die Züge, die stumm und langsam hereinkamen, und ich wartete auf meine Brüder. Auf Hermann brauchte ich nicht zu warten, der war in einem Lazarett, den hatte ein Tank erwischt; aber die andern ... Und ich hörte andere Lieder, andere Schritte, und im Wintergrau stand ich, mager wie ein Hering, fröstelnd, in schweigenden, schwerfälligen Massen, aus denen ein dumpfer, nasser Geruch emporwallte, und ich hörte Stimmen, scharf, sich überschlagend, und ich sah naß und leuchtend, wie eine frische Wunde, die der Tag erhalten hatte, das Rot einer Fahne. Gegangen war der Kaiser, und die Revolution kam, mit zögerndem Schritt, wie betäubt. Das Erstaunliche waren mein Vater und meine Mutter. Wie immer in diesen Jahren stand meine Mutter jeden Morgen halb fünf auf; und der Krieg war verloren gegangen, die Revolution war gekommen; und wie immer ging sie in die kalte Küche, um Feuer zu machen, den Kaffee für meinen Vater zu wärmen, ihm das Waschwasser hinzustellen und die Brote zu schneiden, zwischen denen kaum etwas lag, und dann rief sie ihn. »Vater«, rief sie halblaut, denn sie nannte ihn Vater, »Vater, 's ist fünf«; und jeden Morgen lüftete ihre Stimme meinen Schlaf etwas, und ich hörte, wie das Bett, in dem mein Vater schlief, knarrte und stöhnte; er stand auf. Und die Züge kamen langsam herein in der grauen frostigen Morgenstille, während mein Vater das Haus verließ, um zu seinem Stall zu gehen und den Pferden etwas vorzuwerfen, das wie Futter aussah und keins war.

Aber ich wollte vom Bilde des Kaisers sprechen, denn wir hatten eins in unserer Wohnung. Eigentlich zwei, eins vom Kaiser und eins von der Kaiserin, oder von Wilhelm, wie wir ihn nannten, und von Auguste. Der Kaiser war gegangen; aber die Bilder waren geblieben.

Sie hingen in unserer »guten Stube«. Natürlich hätten wir das Zimmer gebraucht, aber die gute Stube war wichtiger. Sie war etwas wie ein Heiliges Land, das kaum betreten wurde und dann nur in bloßen Strümpfen oder in Pantoffeln. Sie war die bessere Welt, in der wir leben würden und eigentlich ja gar nicht leben wollten. Die Dinge darin strömten eine würdige, polierte, tote Stille aus; der Tisch mit der Spitzendecke, an dem nie gegessen wurde; das Sofa, auf dem nie einer saß;

der Teppich, auf dem kein Schritt eine Spur hinterließ; das Vertiko, in dem nie benutzter Damast ruhte für Feste, die nie gefeiert wurden; und stumm lagen auf dem Aufsatz die Früchte aus Seife, die meine Brüder und ich auf Jahrmärkten erschossen hatten, und eine billige kleine Kopie des Dornausziehers auf dem Kapitol stand neben den Äpfeln und Birnen in seifigem Gelb; er war ewig bemüht, seinen Dorn loszuwerden. Immer war es kalt in der guten Stube, der Ofen wurde nie angezündet.
Aber benutzt wurde er schon; und das gewöhnliche Leben, so peinlich fortgehalten von dieser Insel eines vorgetäuschten Wohlstandes, den wir nie erreichen würden, es drang in die tote, würdige Stille ein: in der eisernen Kühle des Ofens wurden Fleisch und Wurst aufbewahrt, die es seit langem nicht mehr gab, die es aber wieder geben würde, wenn die Zeiten sich besserten; bald. Und dann, wenn zu Weihnachten Stollen und zu anderen Gelegenheiten Kuchen gebacken worden waren, wurden die Bleche in eine Ecke der guten Stube gestellt; auch das mußte einmal wiederkommen, und wieder dann würde meine Schwester ahnungslos abends ohne Licht in die gute Stube gehen, und dann würde wieder der entsetzliche Schrei aufsteigen, und meine Mutter würde mit einem Schrei antworten: »Der Pflaumenkuchen!« Meine Schwester war durch das köstliche

Viereck des Pflaumenkuchens hindurchgewandelt, und als wir hinüberrannten, sahen wir die Spuren ihrer Filzpantoffeln in dem schönen Kuchen, so sorgfältig mit Pflaumenschnitzen belegt: wir aßen ihn trotzdem, wir schnitten die Spuren heraus.

Und über allen Dingen der guten Stube leuchteten die Bilder des Kaisers und der Kaiserin, die Bilder von Wilhelm und Auguste Victoria, in billigem Bunt, mit ausgelaufenen Farben. Sie schienen immer dagewesen zu sein, und sie waren die Prämie für Hunderte von Schundheften, die meine Brüder kauften, lasen, fortwarfen und die ich sammelte; ich las alles, ich war hungrig nach mehr als Brot. Der Kaiser war gegangen, aber die Bilder waren geblieben. Die Revolution war gekommen; und bunt leuchteten sie auf die nie benutzten Dinge herab, die vorgaben, etwas zu sein, was sie nicht waren. Der Kaiser war kein Kaiser mehr und lebte in Holland; aber in unserer guten Stube hingen die Bilder von ihm und seiner Frau, der Kaiserin; da waren sie ihres Thrones nicht beraubt worden.

Und ich lungerte am Bahnhof herum nach der Schule und wenn ich meine Zeitungen ausgetragen hatte, die auch immer dünner und grauer geworden waren, um die Züge kommen zu sehen, die schwerfälliges, stummes Grau entließen; es war, als kämen sie von irgendwo- oder nirgendwoher, aus einem grauen Land ohne Namen, ohne Hauptstadt, ohne Städte, ohne etwas. Aber von unserer Nachbarschaft hatte ich noch keinen gesehen, und auch meine Brüder kamen nicht; natürlich dauerte es lange, bis ein Krieg richtig aufhörte. Doch dann, eines Nachmittags, sah ich Herrn Ziemann; er war zurückgekommen, der erste aus unserer Luisenstraße. Er sah wie alle aus, er trug einen langen grauen Mantel mit Flecken, er war unrasiert, und blaß war sein Gesicht; aber ich erkannte ihn.

»Herr Ziemann!« rief ich, und er zuckte zusammen und sah sich um. »Herr Ziemann, kennen Sie mich denn nicht mehr? Ich bin doch Bauer, der Walter.«

Dann erkannte er mich, und es war, als wäre ich einer aus seiner Familie, so umarmte er mich, und dann gab er mir die Hand; es war eine große, schmutzige Hand mit schwarzen Fingernägeln; meine Hand verschwand in der Wärme seiner Hand wie in einem Nest. Und mir war, als wäre einer meiner Brüder gekommen, doch zugleich war er mir ein Fremder, einer, der zu lange weit weg gelebt hatte. »Wie geht's denn zu Hause?« fragte er. »Bei mir zu Hause. Ist alles in Ordnung?« Ich kannte Frau Ziemann; sie arbeitete in einer Munitionsfabrik; aber das war jetzt auch vorbei, nun wurden keine Granaten mehr gedreht; und Karl Ziemann war in meiner Klasse.

»O ja«, sagte ich, »alles in Ordnung. Da wird Ihre Frau Augen machen.«
»Die wissen ja gar nicht, daß ich komme«, sagte er, »na ja – da bin ich eben.«
Und wir gingen nebeneinander die Hallische Straße entlang, unter den kahlen Bäumen, von denen Nässe herabtropfte. Herr Ziemann ging immer schneller, das Haus, wo er gewohnt hatte, zog ihn an; es war, als rannte etwas in ihm, während seine Füße in den Knobelbechern Schritt vor Schritt setzten.
»Die haben uns schön angeschmiert«, sagte er, »und der Wilhelm ist einfach abgehauen. Na, du bist ja auch bloß so'n magerer Hering. Aber das wird alles anders, das sage ich dir. Wir werden das schon machen. So'n Schlamassel wird's nicht wieder geben.«
Wir bogen in den Roten Brückenrain ein, überschritten die Gleise, auf denen sie nach Osten und Westen gefahren waren, zuerst singend und dann stumm; dann gingen wir die Luisenstraße entlang.
»Na, die werden Augen machen«, sagte Herr Ziemann, »die haben ja keine Ahnung, daß ich komme«, und er ging immer schneller, daß ich beinahe wie ein Hund neben ihm herrennen mußte; er sagte nichts mehr, und während seine Schritte gingen, rannten seine Augen voraus, und sein Herz klopfte schon an die Tür und hatte

Angst. Aber bei Ziemanns war alles in Ordnung; bei anderen nicht. Der Krieg war zu Ende, und der Kaiser war nach Holland gefahren.

Ich ging in unser Haus, schloß unsere Wohnung auf und ging in unsere gute Stube, als erinnerte ich mich plötzlich an etwas. Ich trat in die kalte Stille ein, zog meine Schuhe aus, ging in Strümpfen über den roten Teppich, stieg auf das Sofa und nahm die Bilder des Kaisers und der Kaiserin herab, die Bilder von Wilhelm und von Auguste Victoria. Ich wollte sie gleich verbrennen, aber es war schon spät, und ich trug sie in die Kammer, wo mein Vater und ich schliefen, und schob sie unter mein Bett. Wenn mein Bruder Hermann kommen würde, mußte ich wieder mit ihm zusammen schlafen. Nun, das war ja ganz schnieke, was ich da gemacht hatte; für den Kaiser und die Kaiserin war eben kein Platz mehr bei uns; und ich sah die beiden hellen Flecke an der Wand. Dann setzte ich die Kartoffeln auf.

Später kam meine Mutter, die bei einem Regierungsrat gewaschen hatte, dann meine Schwester, zuletzt mein Vater; wir aßen und sprachen von Herrn Ziemann und wann unsere Jungens zurückkommen würden. Von den Kaiserbildern sagte ich nichts, natürlich nicht. Unter dem Bett konnten sie nicht liegenbleiben; ich konnte die Bilder zerreißen und alles verbrennen.

Aber meine Mutter sagte etwas. Freitags nämlich

machte sie die gute Stube rein; und als ich mittags aus der Schule nach Hause kam, sagte sie zu mir: »Komm mal her, mein Bürschchen.« – Das hieß etwas. – »Komm mal her, mein Walter.«
»Ja? Was ist denn, wo brennt's denn?«
»Das wirst du schon wissen. Wo ist Wilhelm?«
»Der ist doch abgehauen, Mutter«, sagte ich.
»Dir geb ich gleich was von wegen abgehauen. Wo sind die Bilder?«
»Aber wir haben doch Revolution«, sagte ich.
»Wo die Bilder sind, will ich wissen.«
»Das weiß ich doch nicht.«
»Das weißt du nicht, he? Das weiß er nicht. Du weißt doch sonst alles. Bring sie her. Bring – sie – her.«
»Mutter, der Kaiser ist doch abgehauen.«
»Bring die Bilder her. Wenn ich das dem Vater sage, setzt's was, und wie. Wo sind sie?«
»Unterm Bett.«
»Hol sie, aber dalli dalli.«
Und ich ging in die Schlafkammer und zog die Bilder des Kaisers und der Kaiserin hervor; bunt leuchteten sie, die Orden schimmerten, und der Kaiser sah mich starr an. Ich trug die Bilder aus der Kälte in die Wärme der Küche.
»So«, sagte meine Mutter, »und jetzt hängst du sie hübsch wieder auf, und wenn du sie noch mal runternimmst, zerschlag ich dir das Kreuz, das merke dir, Lausejunge.«

»Na, Artur wird sich das nicht gefallen lassen«, sagte ich.

»Die Bilder bleiben hier.«

Und dann leuchteten sie wieder in ihren billigen, bunten Farben; sie blickten auf die kalte Stille unbenutzter Dinge herab; als hätte sich nichts geändert.

Die Bilder des Kaisers und der Kaiserin blieben in unserer guten Stube, bis meine Mutter starb; und sie starb früher als der Kaiser. Da war *der* Krieg schon fast vergessen worden, und andere Dinge kamen. Meine Schwester zog dann mit ihrem Mann und ihrem kleinen Jungen zu meinem Vater, weil es keine Wohnungen gab. Als ich einmal zu ihnen kam, waren die Bilder verschwunden; da sprach auch keiner mehr vom Kaiser und der Kaiserin; es war alles vergangen.

Oh, Helena

Aus Arkadien und Elis kamen sie, aus Orchemonos und Theben, von den kalydonischen Inseln und aus Thessalien. Über Land kamen sie, um sich in Aulis zu sammeln, die Fürsten und Krieger. Die Perlenkette ihrer glänzenden Namen lief durch meine Hände: Menelaos und Agamemnon, sein Bruder, König von Argos, Nestor, König von Pylos, Ajax, Fürst von Salamis; und dann gewannen sie, nicht ohne Mühe, Odysseus, der auf Ithaka reich und glücklich lebte. Dann suchten sie Achilles auf, aber sie fanden ihn nicht, und Odysseus, der Kluge, ließ sie Hörner blasen, und Achilles, der sich als Mädchen verkleidet hatte – seine Mutter Thetis, die Tochter des Meergottes Nereus, hatte ihn unter ihren Töchtern versteckt – Achilles also hörte die Hörner, sprang hervor und suchte nach Waffen –
»Was lachst du denn da?« sagte meine Mutter, »dummer Kerl.«
»Stell dir vor, er hatte Mädchenkleider an.«
»Wer?«
»Achilles. Oh – Mutter –« und ich sah flüchtig auf und sah unsere Küche, das Licht der Lampe, das auf der Wachstuchdecke des Tisches glänzte, das ruhige Gesicht meiner Mutter, über blaue Hosen gebeugt, in die sie Flicken einsetzte; der Platz meines Vaters war leer, er war schon schlafen

gegangen; auch dort, wo sonst mein Bruder Hermann und meine Schwester saßen, war niemand, sie waren ausgeflogen.

»Dein albernes Buch«, sagte meine Mutter; aber sie sagte es lächelnd. Und ich sprang zurück zu den Königen und Kriegern, durch Jahrtausende zurück mit einem Wimpernschlag und war im griechischen Tag, als die Helden ausfuhren gegen Troja, um den Raub Helenas zu rächen. Und so ging auch Achilles mit ihnen und auch Patroklos, sein Freund und Gefährte von Kindheit an.

»Du liest zuviel, mein Junge«, sagte meine Mutter, »wo du das alles bloß hinliest, das möcht ich wissen«, und sie hielt die Nadel gegen das Licht der Lampe, um frische Wolle einzufädeln. »Ich weiß nicht, meine Augen müssen schlechter werden«, und wieder benetzte sie das Ende des Fadens mit den Lippen, »komm, fädle ein«; und ich schwang mich von den Schiffsplanken zurück – wartet, meine Freunde, gleich bin ich wieder da; und der Seewind fiel in die Segel der Schiffe, und das Meer, besprenkelt mit den Splittern von Inseln, leuchtete in der Farbe von Veilchen – und führte den Faden mit einer Bewegung in das Öhr ein, blitzend wie die Spitze von Achilles' Speer.

»Na ja, deine Augen sind auch noch jung«, sagte meine Mutter, »wenn du mal so alte Augen hast wie ich –«; und ich gab ihr die Nadel und – »Jetzt machst du aber Schluß«, sagte meine Mutter,

»sonst bist du morgen früh wieder nicht aus den Federn zu kriegen.«
»Noch eine halbe Stunde«, sagte ich.
»Na gut«, sagte die Stimme aus weiter Ferne, »aber nicht länger«, und ich sprang auf eines der Schiffe, die den Hafen von Aulis verließen und wie Blätter, weiß, braun und rot, vom Winde über die schimmernde Fläche geführt wurden nach Troja. Aber ich wußte mehr; ich wußte, was vorher gewesen. Ich hatte die Weissagungen gehört und Kassandras Stimme. Ich hatte mit Paris die Bergwälder durchstreift, und wie er liebte ich ihre grüne, durchsonnte Stille, die Kühle der Quellen – oh Oinone, schöne Nymphe; und nachts brannten die Hirtenfeuer, duftend von Thymian. O strahlender Paris; und ich, wie die Hirten, bewunderte ihn; und ich stand neben ihm, um von der Höhe eines Hügels, über die Wälder hinweg, das Meer zu sehen und die Mauern und hellen Häuser von Troja. Wir waren nie dort gewesen.
Da war mehr. Da war das Ungemeine, das wunderbar Erstaunliche und Blendende; denn ich, so wie er, wurde vom Kommen des Götterboten völlig überrascht, von Hermes. Seine Flügelschuhe schimmerten. Der goldene Stab, sein Zeichen, blitzte im Licht der sonnigen Halde. Ich kannte ihn. Die Hirten, mit denen wir nachts am Feuer lagen, hatten von dem leichtfüßigen Gott gesprochen. Er stand vor uns; und er entschwebte

ins Licht, während wir seine Botschaft zu verstehen suchten; und ich stand neben Paris, als die drei Schönen über die Waldwiese zu uns kamen – oder schwebten sie, Hera, Pallas Athene, Aphrodite? Und erbebend von soviel Schönheit, gab ich der Schönsten den goldenen Apfel. Ich wußte, wie schön Aphrodite war; und ich kannte Helena, die wir dann aus Sparta entführten. Ich hatte sie umarmt, nachts, von Träumen heimgesucht, vor denen ich zitterte und in die ich mich verlangend heißhungrig stürzte, ich war vierzehn. Ich kannte Helena, ich hatte sie gesehen, ich sah sie beinah jeden Tag, und ich wußte, wie sie sprach.

»Da kommt sie«, sagte meine Mutter; und vom Schiff, auf dem ich stand, würzigen Meerwind trinkend, hörte ich, wie leise Schritte die Treppe emporkamen.

»Ich bin immer froh, wenn sie zu Hause ist«, sagte meine Mutter. »Als ob sie zu uns gehört.« Wir sahen beide auf, sie von der blauen Hose, an der sie stopfte, ich von meinem Buch. Die Schritte gingen an unserer Tür vorüber. Dann wurde eine andere Tür aufgeschlossen und wieder zugemacht; ein Lichtschalter knackte. – »Und jetzt machst du Schluß«, sagte meine Mutter.

Dann hörten wir, wie die Tür wieder aufging, Schritte, fast unhörbar, kamen herunter, sie bewegten sich zu unserer Tür und hielten an. Dann klopfte es zögernd; meine Mutter sagte: »Herein«, und sie trat ein. Oh – Helena. Ich wußte, wie Helena aussah, wie sie ging, wie sie den Kopf hielt. Dunkelhaarig war sie, das Haar trug sie in einem Knoten, und ihre Augen waren blau, von der Farbe dunkler Veilchen; wie das Ägäische Meer, so wie ich es mir dachte, doch viel schöner. Aber sie hieß nicht Helena, sie hieß Elfriede, und sie wohnte bei uns, in dem kleinen Zimmer, eine halbe Treppe über unserer Wohnung gelegen, und der Mieter, der oben wohnte, bekam es als Zuschlag zur Wohnung. Ich hatte einmal darin gewohnt, das war meine beste Zeit gewesen, aber wir vermieteten es seit langem. Wir hatten schon einige Mieter gehabt, ältere Männer, die ganz für sich lebten und ihre Miete zahlten; den letzten hatte meine Mutter hinausgeworfen, weil er trank und Mädchen mitbrachte. Das hatte meine Mutter zu tun, mein Vater hielt sich da raus, er sagte zu ihr: »Mutter, das kannst du besser als ich, du kannst besser reden.« Und gerade, als das Zimmer leer stand, hatte meine Schwester, die in einer Kartonagenfabrik arbeitete, Elfriede mitgebracht; sie arbeitete auch dort. Meine Mutter zeigte ihr das kleine Zimmer, und es gefiel ihr. Es war ein ruhiges Zimmer, und sie konnte für sich sein; und das hatte sie gesucht. Und meine Mutter war ganz bestimmt keine Frau, die herumschnüffelte und wissen wollte, was der Mieter gegessen hatte und wie er lebte. Es war wirklich ein hübsches Zimmer, nicht sehr groß, das stimmt, aber es war hell und freundlich, und das Fenster ging auf die Gärten und Felder bis zur Bahnstrecke; und wir hatten in der alten Lade im Keller eine alte Lampe gefunden. Nur das Wasser mußte sie in einem Eimer aus unserer Küche holen. Meine Schwester arbeitete dann nicht mehr in der Kartonagenfabrik; sie hatte andere Arbeit gefunden, in der Wasch- und Reinigungsanstalt von Zielke. Aber Elfriede blieb dort, und ich wußte auch, warum. Ich wußte, weshalb sie manchmal sang, wenn sie in ihrem Zimmer war; sie sang leise, um keinen zu stören. »Hat sie nicht eine hübsche Stimme?« sagte meine Mutter. »Sie ist überhaupt ein nettes und anständiges Mädchen.« Ich wußte, weshalb sie sang. Er, für den sie sang, kam nicht zu uns, nicht in unser Haus; er wartete auch nicht vor der Tür auf sie, wie andere es taten; aber ich hatte sie beide gesehen. Paris. Er hatte die Schönste gewählt, er hatte den goldenen Apfel der Rechten gegeben; und es gab mir einen Stich, als ich sie beide zusammen sah, zum ersten Mal wußte ich, daß ich ein Herz hatte. Ich hatte Angst gehabt, und mein Herz hatte geklopft. Ich war im Zirkus aufgeregt gewesen, als ein Löwe den Tierbändiger angriff. Aber es war anders gewesen. Wenn ich sie sah, schlug mein Herz ganz anders; und ich wurde rot, ohne es zu wollen.

Und so fing mein Herz jetzt zu schlagen an, als die

Schritte vor der Tür hielten, und dann klopfte es, leise und zögernd, meine Mutter sagte: »Herein«, und sie trat ein. Oh – Helena.
»Entschuldigen Sie«, sagte sie, »daß ich noch so spät störe. Aber ich sah noch Licht bei Ihnen, als ich nach Hause kam. Ich habe vergessen, Wasser zu holen.« Sie trug den weißen Eimer, der in ihrem Zimmer stand.
»Kommen Sie nur herein«, sagte meine Mutter. »Sie stören absolut nicht, so spät ist es ja doch noch nicht. Nur der da, der sollte längst im Bett sein. Aber was glauben Sie, was der so in sich hineinliest, jeden Sonntag läuft er in die Volksbibliothek.«
»Was liest du denn da?« sagte Elfriede, und mir schien, als könnte ich nicht antworten, als sei meine Stimme in einen Abgrund gefallen; denn sie blieb bei mir stehen und beugte sich über mich, der am Tisch saß, wie gelähmt, wie gefesselt; und ich spürte ihren Duft, den ich von nun an nie mehr verlieren sollte; er würde mich anziehen und abstoßen; er würde mich verfolgen und mir Glück und Unglück bringen, Flamme und Asche; und ich stammelte: »Griechische Sagen, den Kampf um Troja.«
Sie beugte sich herab, ich fühlte mehr, als ich sah, die Rinne, den Schatten, sanft, weich, zwischen ihren Brüsten, und ich zuckte zusammen, als sie, sich wieder aufrichtend, mir ihre Hand leicht auf

die Schulter legte; die Berührung durchstieß mich wie ein feuriger Strahl.

»Solche alten Geschichten«, sagte sie, »das liest du?« Aber sie waren nicht alt, und ich hätte sagen mögen: »Oh – Helena –«; aber ich hatte keine Worte. »Und nun machst du dich ins Bett«, sagte meine Mutter, »sonst kriegt man dich morgen früh nicht aus dem Bett raus.«

Ich stand auf, sagte Gute Nacht, sah Elfriede an und ging in meine Schlafkammer. Ich zog mich aus und lag dann in der Stille im kühlen Bett und wie in Feuer. Ich hörte fern das Murmeln von Stimmen, das Fließen des Wassers in den Eimer; dann ging sie, und meine Gedanken folgten ihr, überfielen sie, und nun, brennend, verstand ich, was die Geschichte erzählte: daß Helena und Paris sich liebten. Es war so, wie ich schon wußte, und es war anders.

Und ich konnte nicht schlafen, ich konnte nicht, stand wieder auf, schloß die Tür der Schlafkammer und zündete eine Kerze an, und wieder las ich. Mein Vater schlief so fest, daß nichts ihn stören konnte. Und ich lag im Bett, zerrissen und getröstet, hungrig und einsam, fröstelnd und in Feuer, und zum ersten Male ahnte ich die Nähe eines Buches und daß aus bedruckten Seiten ferne Zeiten emporsteigen konnten, als seien sie heute, jetzt, in dieser Nachtstunde; eine Ahnung überkam mich von der Fülle und Ewigkeit und Kürze

dieses Lebens; daß da etwas war, was uns zu Gefangenen machte; daß wir Glieder in einer Kette waren von fernen Zeiten, fernen Anfängen bis zu dieser Nacht, in die der Glockenton von der Stadtkirche fiel wie Tropfen in ein Meer der Schwärze und Stille; und ich las. Ich sah sie sterben und kämpfen, Ajax, Patroklos, Hektor, Achilles; ich hörte die Totenklagen und das Aufschlagen der Flammen, die Klage des alten Vaters, Priamos. Da war Tod und Bestattung, und das Morgenlicht kam wieder, unverletzt, unversehrbar und in erhabener Gleichgültigkeit, immer. Paris wurde von Philoktetes' vergifteten Pfeilen getroffen; und ich folgte ihm, dem Freunde der Wälder, zurück in die grüne Stille, um ihn sterben zu sehen, bewacht von Hirten, doch ohne Helena. Und das Ende dann – und fern hörte ich das Aufgehen einer Tür; meine Schwester kam nach Hause.
Das Ende dann: Wie sie das Pferd in die Stadt brachten und die Stadt fiel in Rauch, Flammen und Schrei. Und ich sah Menelaos, der nach Helena suchte. Er fand sie im Hause von einem, dem sie nach Paris' Tode als Frau zugesprochen worden war. Tod wieder; auch Deiphobos starb, und da stand sie vor ihm, Helena, zitternd vor Menelaos. Als er zögernd das Schwert hob, kam Agamemnon herein und hielt seinen Arm fest und sagte, er sollte Helena leben lassen; sie sei ja seine

Frau. Wußte er denn, daß sie schuldig war? Der Schuldige war Paris gewesen, und der war tot. Da nahm er sie mit sich zurück.

Und ich ging langsam durch die Trümmer, und ich hörte im Tempel der Pallas Athene das Götterbild zu Boden stürzen; und ich hörte, wie die Glockentöne von der Stadtkirche ruhig und fern in die Meeresstille der Nacht fielen, während der Rauch der brennenden Stadt meine Augen schmerzte; ich hörte, wie eine Tür aufging, und eine ferne Stimme sagte: »Bist du's endlich, Rumtreiber?« Und als ich mit schwerem Herzen durch Schutt und Asche ging, nach Helena suchend, kam mein Bruder herein und flüsterte: »Bist du verrückt, du liest immer noch? Mach bloß das Licht aus.« Und die Finsternis kam; und in Rauch und Untergang und in Helenas Armen schlief ich ein.

Ich habe gewußt, einmal und nie wieder so, anders dann, doch so nie wieder, wie Helena war. Ich habe sie gesehen, ich habe ihre Stimme gehört. Aber ich habe auch Menelaos gekannt. Er war älter als Helena; sie hätte nie seine Frau sein sollen, sie war für Paris geschaffen worden; und nun war er tot.

Ich habe Helena gekannt, und ich habe auch Menelaos gesehen.

Er kam am nächsten Tag. Als ich vom Zeitungstragen nach Hause kam, war meine Mutter ganz

still, und ich konnte sehen, daß ihr ganzes Gesicht stumm war.
»Was ist denn passiert, Mutter?« sagte ich. »Du bist so still.«
Meine Mutter sah mich an. Dann sagte sie: »Wir werden nun unseren Mieter verlieren«; und ich fühlte den Stich im Herzen – oh, Helena.
»Aber wieso denn, was ist denn passiert, Mutter?«
»Er ist hier.«
»Wer denn?«
»Ihr Mann. Sie ist nämlich verheiratet, sie ist nicht ledig. Aber warum hätte sie uns das auch sagen sollen. Und nun ist er da und holt sie.«
»Wo ist er denn jetzt?«
Und wir flüsterten beide, als sollte er es nicht hören. Meine Mutter hatte ihn gesehen, aber ich kannte ihn nicht, ich wußte nicht, wie er aussah; er war ein finsterer Geist für mich. Er war am späten Nachmittag gekommen, und seitdem saß er in ihrem Zimmer und wartete auf sie. Er hatte sie gesucht und gefunden. Menelaos.
»Sie ist von ihm weggelaufen«, sagte meine Mutter. »Ein alter Mann soll eben keine so junge Frau heiraten, es geht nicht.«
»Hat er denn Krach gemacht?« sagte ich.
»Er ist ganz ruhig – viel zu ruhig.«
Und wir waren in der Küche, meine Mutter machte das Abendbrot zurecht, und mein Vater kam, und dann waren alle da; und wir alle wußten,

daß da, in ihrem Zimmer, einer wartete. Wir spürten die Stille, die von dort kam, sie floß ohne Widerstand durch alle Wände und Türen; und wir aßen stumm und warteten auch. Vielleicht wünschten wir, daß sie nicht käme; aber sie kam, leise singend, die Treppen herauf. Ich sah, wie mein Vater stumm meine Mutter anblickte. Sie stand auf und ging hinaus. Sie machte die Tür hinter sich zu, wir konnten nicht hören, was meine Mutter zu Elfriede sagte; wir hörten nur, wie ihr leises Singen abbrach und wie sie »Guten Abend« sagte, mit froher Stimme. Dann wurde es still. Dann kam meine Mutter wieder herein, sie setzte sich stumm hin und sah auf ihren Teller und rührte in ihrer Suppe.

Dann machten mein Bruder und meine Schwester sich fertig, und sie gingen weg. Meine Mutter trug die Teller zum Ausguß, und ich half ihr beim Abtrocknen. Mein Vater saß am Tisch und las die Zeitung, aber ich konnte sehen, daß er nicht las; er wartete und lauschte, wie wir alle.

Dann hörten wir, wie oben die Tür aufging. Wir hörten Schritte kommen, und es klopfte; meine Mutter sagte: »Herein«, und Elfriede trat ein. Oh – Helena; und ich sah sie an, und wir alle sahen sie an. Da war eine Blässe in ihrem Gesicht, die ich nie vergessen habe; und dann habe ich doch manche blassen Gesichter gesehen; aber so erloschen war keines. Und auch er trat ein, der auf sie gewartet hatte; und jetzt nahm er sie mit sich fort. Er war ein älterer Mann, ruhig und gediegen, mit dünnem, sorgfältig gekämmtem Haar; ein Mann, auf den Verlaß war und bei dem alles genau zuging und alles in Ordnung war.

»Ich möchte noch bezahlen, was meine Frau an Miete schuldig ist«, sagte er.

»O das lassen Sie nur, das ist nicht der Rede wert«, sagte meine Mutter.

»Doch, doch, alles muß seine Richtigkeit haben. Wieviel ist es?«

Aber sie, auf die er gewartet hatte, sagte nichts. Sie stand nur da und sah uns an, ihr Gesicht war weiß, als ob es durchsichtig wäre. Und er zahlte das Geld auf den Tisch.

»So, das ist in Ordnung«, sagte er, »wir können gehen. Komm, ich will den Zug nicht verpassen, ich habe schon genug Zeit verloren. Hast du alles?«

Wir sagten nichts; wir sahen ihn an und dann sie; aber sie vor allem. Dann ging sie zu meiner Mutter und gab ihr die Hand, und meine Mutter klopfte ihr leise auf die Schulter; und jedem von uns gab sie die Hand, und ich fühlte, wie kalt sie war.

»So«, sagte er, »und jetzt hört der Unsinn auf. Entschuldigen Sie, daß ich Ihnen Scherereien gemacht habe. Komm. Adieu.«

Er ging durch die offene Tür hinaus und nahm

ihren Koffer auf. Sie sah uns alle an, weiß, leer. Vielleicht wollte sie etwas sagen; aber sie sagte es nicht, nur ihre Lippen bewegten sich; dann ging sie hinaus. Wir hörten die Schritte auf der Treppe. Dann hörten wir nichts mehr; als wäre sie nie bei uns gewesen.
»Na ja«, sagte mein Vater dann. »Na ja. So ist das, was meinst du, Mutter?«
»Ich meine gar nichts.«
»Aber das muß sie doch gewußt haben.«
»Vater«, sagte meine Mutter, »wenn man jung ist, weiß man das nicht. Sie war jung – zu jung für ihn und viel zu hübsch.«
»Na ja, dann will ich mal lieber in den Keller gehen und einen Armvoll Holz raufbringen.«
»Ja, das tu mal«, sagte meine Mutter, »wir haben kaum noch was oben.«
Mein Vater ging in den Keller, und mein Bruder und meine Schwester gingen fort, aber eigentlich war ihnen gar nicht danach zumute, das konnte man sehen. Ich wußte nicht, was ich tun sollte.
»Du liest ja heute nicht«, sagte meine Mutter.
»Ich hab's ausgelesen«, sagte ich. Oh – Menelaos. Oh – Paris. Oh – Helena.

Meermädchenlied aus »Oberon«

»Und daß du dir die Ohren gründlich wäschst«, hatte meine Mutter gesagt, ehe sie morgens wegging, um bei Holzmanns zu waschen, »nicht, daß man Spinat drin säen kann.«
Das hätte sie mir nicht zu sagen brauchen, ich kümmerte mich schon um meine Ohren. Aber meine Mutter sagte noch mehr, wenn sie mal richtig im Gange war. »Und wasch dir die Hände, eh du zu Herrn Hahnfeld gehst. Und daß du mir nicht mit Trauerrändern unter den Fingernägeln bei ihm erscheinst. Und zieh ein frisches Hemd an, ich hab's schon auf die Kommode gelegt.«
»Noch was?«
»Jawohl, noch was. Und putz deine Schuhe.«
Als hätte ich nicht genau gewußt, was ich Herrn Hahnfeld schuldig war.
»Und paß gut auf die Geige auf, wenn die kaputtgeht, kriegst du keine neue.«
»Mutter«, sagte ich, »ich bin dreizehn, da kann ich doch wenigstens eine Geige tragen.«
Aber sie dachte schon an etwas anderes. »Und nach der Stunde kommst du gleich nach Hause und treibst dich nicht am Bahnhof herum, da ist schon genug passiert.«
»Jawohl«, sagte ich.
»Und vergiß nicht, um fünf die Kartoffeln aufzustellen.«

»Jawohl, zu Befehl.«
Und was für Kartoffeln das waren, jetzt, Anfang März; ganz pappig waren sie und ohne Kraft und Saft. Das heißt, wir mußten froh sein, daß wir überhaupt Kartoffeln hatten, und wir waren es ja auch; doch manchmal, wenn wir sie abends mit langen Zähnen aßen, mit einem Hering, wenn's hoch kam, sprachen wir davon, wie gut neue Kartoffeln mit Quark schmeckten, und daß wohl so eine Zeit nie wieder käme, wo man soviel frische Kartoffeln mit Quark essen konnte, wie man wollte. Wir waren gerade eben so durch den Winter gekommen. Viele Leute waren an Unterernährung und Schwäche gestorben, und ich hätte es nicht in der Zeitung zu lesen brauchen, daß der Winter von achtzehn auf neunzehn schlimm gewesen war; ich wußte, wie oft mein Magen knurrte; ich stand stundenlang nach ein bißchen Pferdefleisch oder Grützwurst an; und wenn meine Mutter nicht jede Woche über Land gegangen wäre, um in ihrem Heimatdorf beim Bauer Wegeleben, den wir nur den »Schwellrich« nannten, sauber zu machen und dafür Kartoffeln, ein bißchen Fett, Fallobst und so etwas nach Hause zu bringen, und wenn meine Schwester nicht mit einem Bäckergesellen gegangen wäre, der manchmal unter dem Mantel ein Brot brachte – wer weiß, ob wir heil durch den Winter gekommen wären. Viel besser sah es ja jetzt auch nicht

aus, aber im Frühjahr hofft man ja eben doch, und dann merkt man vielleicht nicht so, daß man den Schmachtriemen genauso eng schnallen muß.
Meine Brüder waren alle zurückgekommen. Sie hatten Glück gehabt. Mein Bruder Otto war noch in Elbing, er arbeitete auf der Schichauwerft, und er schrieb, daß er mit seiner Braut bald käme. Mein Bruder Artur lebte wieder mit seiner Frau und seinem kleinen Mädchen, aber nicht mehr in unserer Stadt, sondern in Apolda. Mein Bruder Hermann kam kurz vor Weihnachten mit einem der Transportzüge zurück, die sich langsam, erschöpft und abgenutzt auf der Strecke dahinschlichen und genauso heruntergekommen aussahen wie wir alle. Mein Bruder Hermann hatte dem Kriege nur den kleinen Finger geben wollen, aber der hatte die ganze Hand genommen und ihm dann, als machte er sich einen Spaß, in Flandern den rechten Daumen genommen; er war also gut weggekommen. Gottseidank hatte er als Mechaniker gleich wieder Arbeit gefunden. Meine Mutter sagte manchmal zu ihm, daß er ein Hitzkopf wäre, weil er mit seinen Kollegen nur noch von der Revolution sprach, die im vorigen November nichts gewesen sei, und daß eine andere kommen müßte; und mein Vater, den ein langes Leben als Fuhrmann müde gemacht hatte, sagte nur, daß er einen Vogel hätte und daß die Großen immer oben und die Kleinen immer unten seien, ganz

gleichgültig, wie sie hießen, und da hilft auch, sagte er, so ein Generalstreik nicht, den wir im Februar gehabt hatten und wo nichts mehr funktionierte. Aber sie waren eben Bauern, sie wußten eben beide nicht, was vor sich ging und daß alles anders werden mußte und anders werden konnte. Mein Bruder Hermann wußte es, und wußte es auch, wenn ich ihm und seinen Kollegen bei ihren Diskussionen in der Küche zuhörte; das rauchte nur so von Marx und Engels und Lenin; und wenn sie von Lenin und Rußland sprachen, glänzten ihre Augen, als wären sie vom Schein einer ungeheuren Morgenröte erfüllt, die bald die ganze Welt in Brand setzen würde. Mein Vater und meine Mutter, sagte mein Bruder, wären Reaktionäre, die alles beim alten lassen wollten. »Und wie steht es mit Noske?« schrie er, »und wie steht es mit den Freikorps, die alles niederknallen? Mutter«, und seine Stimme wurde wieder ruhiger, als er ›Mutter‹ sagte, »du bist eine sehr gute Mutter, und du hast dich dein Leben lang für uns abgeschunden, aber du bist ein Reaktionär.«

»Na, da kannst du sagen, was du willst«, sagte mein Vater, »aber der alte Graul ist'n anständiger Mann, auf den laß ich nichts kommen. Ohne den wäre ich noch ein Streckenarbeiter oder so was. Laß den alten Graul bloß aus dem Spiel, sonst werd' ich fuchsteufelswild.«

»Die Revolution geht vor, die kann nicht auf den

alten Graul Rücksicht nehmen. Auf niemanden. Auch auf mich nicht. Mit euch kann man eben nicht reden.«
»Und wer bringt die Kartoffeln und das Obst und das Fett nach Hause?« sagte meine Mutter ruhig, »und wer ißt das Apfelmus, das ich gemacht habe?« – denn sie hatte den Kollegen meines Bruders, die ganz wild über Revolution und Enteignung und Ebert und Noske und die Freikorps redeten, eine kleine Schüssel Apfelmus und eine Schnitte Brot angeboten.
»Da haben Sie ja recht, Mutter Bauer«, sagte einer der Kollegen meines Bruders, »das ist ja auch tadelloses Apfelmus, und doch muß die Welt anders werden, die ganze Welt, alles, von unten angefangen, und dann hat eben jeder sein Apfelmus und ganz andere Sachen, und wir müssen dafür sorgen, wir werden dabei sein. Es handelt sich gar nicht um die paar Pfennige, die wir mehr verdienen wollen, es handelt sich ja um etwas ganz anderes. Und wissen Sie, Frau Bauer, was das ist? Gerechtigkeit.« Und in seinen Augen glänzte Begeisterung, ein Schein, der von weither kam. »Und wir werden dabei sein.«
»Na, vielleicht haben Sie recht. Na ja, dann werde ich sicher nicht mehr hier sein.«
Ja, sie waren dabei; auch mein Bruder war dabei. Was für gute Jungens sie alle waren, das haben wir später gesehen, als das Leunawerk von ihnen

verteidigt und dann von den Truppen und den Freikorps erobert wurde; aber das ist eine andere Geschichte.

Man konnte wirklich nicht sagen, daß es besser aussah. Eigentlich sah alles schlimmer aus. Im Januar waren ja die Wahlen gewesen. Ende Februar war der Generalstreik gekommen, der erst im März aufhörte. Der einzige Zug, der durch unsere Stadt fuhr, war ein langer Zug, der dreitausend Soldaten unter dem General Märcker in die Nachbarstadt Halle brachte. Ich hatte die Soldaten gesehen, denn ich war am Bahnhof gewesen, und ich hatte wie alle geschrien, wie sie so etwas tun könnten und auf die Unsrigen schießen; und sie hatten geschossen, und es hatte Tote und Verwundete gegeben; das Stadttheater war mit Artillerie beschossen worden. Auch an unserem Bahnhof war geschossen worden, das Wachtkommando von General Märcker hatte die Gewehre eben nicht in die Luft gehalten, und ein junges Mädchen und ein Arbeiter waren gestorben. So sah es bei uns aus.

»Und vergiß nicht –«, sagte meine Mutter.

»Noch was?«

»Jawohl, noch was, mein Sohn. Vergiß nicht, noch mal auf der Geige zu üben, ehe du zu Herrn Hahnfeld gehst.«

»Klar mache ich das, Mutter.«

»Was spielst du denn jetzt?«

»Das Meermädchenlied aus ›Oberon‹«, und ich fügte hinzu: »Von Carl Maria von Weber.«
»Na, gestern abend klang's ja nicht gerade nach Meermädchen«, sagte meine Mutter, während sie den Krimmerkragen umlegte, den sie vor zwei Weihnachten von Frau Regierungsrat Sorger geschenkt bekommen hatte, »du hast da ja ganz schön rumgekratzt.«
»Ich lerne doch noch, Mutter. Euch kann man's überhaupt nicht recht machen.«
»Na, ich meine es ja nicht so. Du wirst's schon gut machen. Und denk an die Kartoffeln.«
So; als meine Mutter mir alle ihre überflüssigen Anweisungen gegeben hatte, ging sie zu ihrem langen Waschtag bei Holzmanns, die zwei Söhne verloren hatten, beide als Leutnants, und der jüngste war zurückgekommen und studierte wieder. Ich kehrte noch schnell die Küche aus, packte die Zeichnungen von Pferdeköpfen ein, die ich gestern abend gemacht hatte und die ich in der Schule gegen einen Apfel oder ein paar richtige gute Bissen in ein Frühstücksbrot einhandeln wollte, ging am Bahnhof vorbei, der nun ruhig geworden war, zur Schule, und mittags rannte ich nach Hause und aß ein dick mit Rübensaft bestrichenes Brot. Dann ging ich in die gute Stube, nahm den Geigenkasten vom Tisch, ging in die Küche zurück und lehnte die Geigenschule gegen einen Topf auf dem Tisch. Dann öffnete ich den

Kasten, entfernte behutsam das Tuch, nahm die schön schimmernde Geige heraus, spannte den Bogen, rieb ihn gut mit Kolophonium ein, bis er leicht stäubte, und stimmte die Geige. Dann stellte ich mich wie ein großer Künstler in der Küche auf, verbeugte mich tief vor der Stille und dem stummen Haus, als wären sie der volle und nun atemlose Saal, der mir lauschen würde, hob den Bogen, und dann spielte ich herrlich und flüssig und lautlos wirbelnde Passagen von der Tiefe zu unglaublicher Höhe, dort, wo kaum Vögel noch schwebten. Ich setzte ab und wartete, bis mir der Dirigent das Zeichen zum Einsatz gab, und nun schmiegte sich der Ton meiner Geige an die flutende Bewegung des Orchesters, er erhob sich und schwebte, und dann kehrte er zurück, als wäre die Musik der Bässe, Celli, Geigen die Erde, zu der er zurückkehren mußte, um Atem zu schöpfen zu neuem Flug, als wäre sie ein Nest, ein Ruheplatz und Ort des Aufbruchs. Ah! Musik! Sie füllte die kleine Küche, und alle Dinge darin, schwarzer Ofen, Tisch, Stühle, Töpfe, wurden davon berührt und erhellt; und die Musik flutete durch das geschlossene Fenster in den Hof, über die Gärten und Felder vor unserem Hause, in die Welt, und die ganze Welt hörte es. Und dann setzte ich Geige und Bogen ab, verbeugte mich mit einem Lächeln und wischte mit einem unsichtbaren Taschentuch leicht über die Stirn.

Wenn meine Mutter mich gesehen hätte. »Da spielt mal wieder einer verrückt«, hätte sie gesagt, »der ist plemplem, Vater, woher der Junge das nur hat.« Das hatte sie schon manchmal gesagt, es war gut gemeint und vielleicht sogar mit einem Hauch von Stolz, daß einer in der Familie verrückt war, anders, aus der Art geschlagen. Sie hatte es gesagt, wenn ich in der Schlafkammer am Fenster stand und mir selber laut Gedichte aus einem gelben Bande vorlas, »John Maynard« und »Archibald Douglas«, und dann veränderte sich alles, das Licht, in dem die Transportzüge mit Soldaten und Geschützen nach Westen an die Front gefahren waren; doch jetzt, Gottseidank, fuhren sie nicht mehr.

Und als ich in der Stille Musik lautlos gespielt hatte, die ich allein hörte, stellte ich mich an den Küchentisch, und zuerst übte ich Tonleitern, wie Herr Hahnfeld mich angewiesen hatte zu tun, und dann, mit zusammengepreßten Lippen und den Takt mit dem Fuß stampfend – »nicht so wild«, hatte Herr Hahnfeld gesagt, »damit nicht der Kalk von der Decke fällt« – spielte ich das Meermädchenlied aus »Oberon«. Ich sägte mich hindurch, Note um Note, und das zweite Mal ging es besser, und dann spielte ich die zweite Stimme; immer wieder. Das konnte eine gute Stunde werden, weil ich gut geübt hatte, und Herr Hahnfeld würde wieder sagen: »Bauer, aus dir wird ein zweiter Paganini«, dabei lachte er und strich seinen Spitzbart und setzte hinzu: »'s wird schon werden. Was du als Lehrer brauchst, wird's allemal.«

Dann packte ich die Geige wieder ein, wusch mein Gesicht und die Ohren, bis sie glühten, wusch mir die Hände, machte die Fingernägel sauber, zog das frische Hemd an und polierte die braunen Halbschuhe, die ich von meinem Bruder Hermann geerbt hatte und die mir eine gute Nummer zu groß waren, aber sie waren braun, und da kam ich mir schnieke elegant vor. Dann ging ich zur Geigenstunde bei Herrn Hahnfeld.

Seit Mitte November war ich jede Woche mittwochs zu ihm gegangen. Daß ich überhaupt eine Geige hatte, vielmehr: daß wir eine Geige hatten, daß ich Geigenstunden nahm, daß ich Ende März die Aufnahmeprüfung für das Lehrerseminar ablegen sollte, das hatte ich Herrn Hahnfeld zu verdanken und Herrn Rothe, dem Rektor der alten Volksschule am Roßmarkt. Sie hatten meine Eltern überredet, daß ich Lehrer werden sollte; aber das ist eine andere Geschichte. Jedenfalls mußte ich Geigenstunden nehmen, und Herr Hahnfeld gab sie mir. Auch Herr Rothe, der Rektor, half mir und lieh mir Geschichts- und Erdkundebücher, und aus unserem Lesebuch lernte ich eine Menge Gedichte und wußte fast alle Jahreszahlen auswendig; ich wußte genau, wann

Schiller und Ferdinand Freiligrath geboren wurden und wann sie gestorben waren, und alle Gedichte, die von ihnen im Steger-Wohlrabe standen, konnte ich auswendig aufsagen; damit ich die Prüfung bestünde; die fragten da allerhand knifflige Fragen.

Doch die Geigenstunden waren das schönste. Wenn ich an dem Hause in der hügeligen Hälterstraße, das Herrn Hahnfeld gehörte, angekommen war, klingelte ich. Die Tür wurde aufgemacht, entweder von Frau Hahnfeld oder ihrer Tochter Erika, die ein paar Jahre jünger als ich war und in die höhere Töchterschule ging; dann glühten meine Ohren, als hätte ich sie eben erst gewaschen. »Mein Mann ist oben«, sagte Frau Hahnfeld, die mir immer, wenn ich ging, eine Schnitte Brot gab, mit Marmelade gut bestrichen, oder ihre Tochter sagte: »Vater ist oben«, und ich stieg die Treppe zu seinem Arbeitszimmer empor. Ich hatte dann immer einen Kloß im Halse, und ich merkte, daß meine Hände feucht wurden. Aber wenn Herr Hahnfeld gesagt hatte: »Na, nun wollen wir mal wieder fiedeln, Herr Paganini«, war alles in Ordnung, und ich sägte los.

Nicht heute. Heute war alles anders, das merkte ich gleich, als ich geklingelt hatte. Zuerst kam überhaupt keiner, und als dann Erika die Tür aufmachte, sah ich, daß sie verweinte Augen hatte.

»Du bist es?« sagte sie. »Kommst du denn heute auch?«
»Klar«, sagte ich, »'s ist doch Mittwoch.«
»Ich weiß nicht ..., ich will lieber meinen Vater fragen.« Und sie ließ mich stehen und ging die Treppe hinauf. Warum wollte sie denn ihren Vater fragen? Er wußte doch, daß ich jeden Mittwoch kam, und wenn es Bindfäden regnete. Das war sonderbar. Vielleicht war Frau Hahnfeld ernstlich krank, denn ich sah sie nicht, und im Hause war es ganz still.
Nach einer Weile kam Erika zurück. »Du sollst raufkommen«, sagte sie.
»Ist denn deine Mutter krank?« sagte ich, aber sie schüttelte nur den Kopf; und ich stieg die mit einem dunklen Läufer belegte Treppe hinauf, lautlos, als ginge ich auf Turnschuhen, und ich mußte ein paarmal schlucken; so still war es. Ich klopfte an die Tür, und Herrn Hahnfelds Stimme sagte: »Komm rein.« Aber das war nicht die Stimme, die ich kannte; sie hätte ebensogut »Geh fort« sagen können.
Herr Hahnfeld saß an seinem Schreibtisch und fuhr, als ich eintrat, mit der Hand über das Gesicht, als wollte er etwas wegwischen. Er hatte nicht gelesen oder geschrieben, das konnte ich sehen; die grüne Schreibfläche war leer. Er hatte nur so dagesessen, aber ich wußte nicht warum. Auch seine Pfeife rauchte er nicht. Er sah über-

nächtigt aus, als hätte er die ganze Nacht kein Auge zugemacht.
»Ich hatte ganz vergessen, daß du heute kommst«, sagte er. »Na ja, wenn du schon da bist, kannst du auch bleiben. Pack deine Geige aus.«
Er stand auf und holte den Geigenständer aus der Ecke, ich stellte meine Geigenschule darauf und öffnete sie mit feuchten Händen, die ich dann gleich an der Hose abwischte. Herr Hahnfeld ging zum Fenster; dort blieb er stehen, und die Hände auf dem Rücken verkrampft, sah er hinaus. Sonst hatte auch er gleich seine Geige ausgepackt und etwas gespielt, ein paar Triller oder so etwas. Jetzt sagte er nur: »Na, pack schon aus. Was hast du denn geübt?«
»Das Meermädchenlied aus ›Oberon‹.«
»Das paßt ja wie die Faust aufs Auge. Na schön.«
Mit feucht-klebrigen Händen nahm ich die Geige aus dem Kasten und stimmte sie zögernd.
»Nun fang schon an«, sagte er. Jetzt starrte er das große Bücherregal an, als wollte er in den geschlossenen Büchern lesen. Ich spannte den Bogen, hob die Geige und merkte, daß ich ganz naß war; der Schweiß lief mir nur so über das Gesicht.
»Das G stimmt nicht«, sagte er. Ich nahm die Geige wieder ab. »Gib sie mir«, sagte er. Er nahm mir die Geige aus der Hand und stimmte sie. »So, das ist besser«, und er gab sie mir zurück. Plötzlich war seine Stimme freundlicher.

»Hahnfeld, Hahnfeld, als ob man einen Jungen dafür verantwortlich machen könnte«, sagte er, als spräche er zu jemandem im Zimmer, doch nicht zu mir.

Und dann, zu mir: »Du schwitzt ja wie verrückt. Was ist denn los? Hast du Angst? Vor mir? Hast du nicht geübt?«

Ich schüttelte den Kopf. Ich konnte fühlen, wie mir das Wasser über das Gesicht lief und wie es aus den Achselhöhlen kam und herabfloß. »'s ist ein bißchen warm hier«, sagte ich.

»Vielleicht spielen wir doch lieber gleich zusammen, was? Aber wisch dir erst mal das Gesicht ab«, und ich nahm das frische Taschentuch heraus und fuhr mir übers Gesicht. Herr Hahnfeld nahm den Geigenkasten von einem Schrank, holte die Geige heraus und stimmte sie.

»Du die erste Stimme«, sagte er, »ich die zweite.«

Er zählte, ich schlug den Takt mit dem Fuß, und dann spielten wir das Meermädchenlied aus »Oberon«. Zuerst kratzte ich noch etwas, und die Finger der linken Hand klebten an den Saiten; aber dann ging es glatt, und es machte mir Spaß, die erste Stimme zu spielen, weil sie so schön mit der zweiten zusammenging.

»Na, das ging ja ganz ordentlich«, sagte Herr Hahnfeld, »du hast fleißig geübt. Noch mal; jetzt du die zweite und ich die erste.«

Und wieder spielten wir, und ich hörte die Töne

meiner Geige, die sich an die erste Stimme schmiegten und ihnen folgten.
Plötzlich hörte Herr Hahnfeld zu spielen auf, mitten im Takt. Ich blickte von der Seite zu ihm auf und sah, wie blaß sein Gesicht war, wie übernächtigt. »Wir wollen lieber aufhören«, sagte er, »es geht nicht. Du hast gut geübt, aber es geht nicht. Mit mir ist heute nichts los. Pack ein. Nächsten Mittwoch geht's besser.«
»Vielleicht können wir's noch mal versuchen?« sagte ich schüchtern.
»Das ist es ja nicht, Bauer. Es liegt nicht an dir, es liegt an mir. Ich kann nicht spielen, nicht heute.«
»Hoffentlich sind Sie nicht krank«, sagte ich.
»Doch, ich bin krank. Ja, ja, ich bin krank, und ich weiß nicht, was ich machen soll. Du hast doch drei Brüder im Kriege gehabt.«
»Ja«, sagte ich.
»Na also, dann weißt du doch, wie's deiner Mutter gegangen ist, wenn lange keine Nachricht kam, wenn sie wartete und wartete.«
Ich konnte mich erinnern. Ich erinnerte mich. Dann hatte meine Mutter still am Tisch gesessen, wenn wir unsere Suppe löffelten, und nichts gegessen. Sie hatte einfach dagesessen, als wartete sie auf eine Nachricht, die gleich kommen mußte, und sie ahnte, was für eine es sein würde.
»Siehst du, Bauer, so geht's mir. Das heißt, ich brauche nicht mehr zu warten. Mein Sohn, mein

Junge ist gefallen. Gefallen; das kann man vielleicht nicht einmal sagen. Nicht in Frankreich oder Rußland. Hier. Hier bei uns. In Berlin. 's ist eigentlich zum Lachen. Verstehst du? Er war Leutnant, jung, vielleicht zu jung. Und begeistert. Bis zuletzt. Sturmtruppführer. Und nun haben ihn die Roten erschossen. Na ja, mir geht das einfach nicht in den Kopf. Wir wollen lieber Schluß machen heute.«
Herr Hahnfeld legte seine Geige in den Kasten zurück, machte ihn zu und schob den Kasten auf den Schrank; und auch ich packte alles ein. Herr Hahnfeld stand an seinem leeren Schreibtisch und stützte sich mit den Händen darauf.
»Und was denken deine Brüder?« sagte er.
»Ich weiß es nicht«, antwortete ich; und ich log, denn ich wußte es. Mein Bruder Hermann und seine Kollegen sprachen andauernd von der neuen Welt, die sie machen wollten, und von der Reaktion, die zerschmettert werden mußte, und ich erinnerte mich, wie mein Bruder Hermann geweint hatte, als sie in Berlin Rosa Luxemburg und Karl Liebknecht ermordet hatten.
»Ich weiß es nicht«, sagte ich, »die reden so allerhand.« Aber ich wußte es. So weinte jeder für seine Liebsten. Und ich sah Herrn Hahnfeld an, den besten und liebsten Lehrer, den ich hatte, und ich dachte, daß sein Sohn meinen Bruder erschossen hätte, ohne viel zu fragen, wenn er in Berlin

gewesen wäre; und mein Bruder hätte das gleiche getan. Aber warum mußten sie meinem liebsten Lehrer den Sohn wegnehmen?
»Und für nächsten Mittwoch übst du die nächsten zwei Stücke«, sagte Herr Hahnfeld.
»Auf Wiedersehen«, sagte ich; aber Herr Hahnfeld antwortete nicht, und als ich die Tür zumachte, sah ich ihn immer an seinem leeren Schreibtisch stehen, die Hände auf die grüne Schreibfläche gestützt. Ich hätte gern mehr gesagt, aber ich wußte nicht, was.
Ich ging die Treppe hinab, öffnete und schloß leise die Haustür und ging im scharfen Märzlicht nach Hause. Ich wollte lesen und setzte mich an den Küchentisch, aber es ging nicht. Ich zeichnete dann einen Pferdekopf, doch sehr gut wurde er nicht. Um fünf wusch ich die Kartoffeln ab und stellte den Topf auf den Herd. Meine Mutter, meine Geschwister und mein Vater kamen nach Hause wie eben jeden Tag, als wäre nichts passiert. Aber es war etwas passiert, und als wir alle aßen, schmeckte es mir nicht. Ich wünschte, einer wenigstens hätte mir etwas sagen können; aber keiner konnte es. Nur daß etwas nicht stimmte, das wußte ich; und später sollte ich es viel besser wissen. Dann würde ich wissen, daß mich damals eine Ahnung meines Vaterlandes getroffen hatte; die Wunde, die sich niemals schloß.

INHALT

Der Schneider meines Vaters
9
Die Schwemme: noch einmal
18
Das Wehen von Flügeln
29
Ernte der Welt
35
Die Kerze
45
Genesung eines Pferdes
54
Die Erde, der Himmel, die Sonne
67
Brief von einer fremden Hand
81
Bitte für einen Freund
91
Der Schnee und die Sterne unten
110
Die Geige
120
Das Bild des Kaisers
134
Oh, Helena
147
Meermädchenlied aus »Oberon«
161

Bibliothek Suhrkamp

Verzeichnis der letzten Nummern

497 August Strindberg, Am offenen Meer
498 Joseph Roth, Die Legende vom heiligen Trinker
499 Hermann Lenz, Dame und Scharfrichter
500 Wolfgang Koeppen, Jugend
501 Andrej Belyj, Petersburg
503 Cortázar, Geschichten der Cronopien und Famen
504 Juan Rulfo, Der Llano in Flammen
505 Carlos Fuentes, Zwei Novellen
506 Augusto Roa Bastos, Menschensohn
508 Alejo Carpentier, Barockkonzert
509 Elisabeth Borchers, Gedichte
510 Jurek Becker, Jakob der Lügner
512 James Joyce, Die Toten/The Dead
513 August Strindberg, Fräulein Julie
514 Sigmund Freud, Eine Kindheitserinnerung des Leonardo da Vinci
515 Robert Walser, Jakob von Gunten
519 Rainer Maria Rilke, Gedichte an die Nacht
520 Else Lasker-Schüler, Mein Herz
521 Marcel Schwob, Roman der 22 Lebensläufe
522 Mircea Eliade, Die Pelerine
523 Hans Erich Nossack, Der Untergang
524 Jerzy Andrzejewski, Jetzt kommt über dich das Ende
525 Günter Eich, Aus dem Chinesischen
526 Gustaf Gründgens, Wirklichkeit des Theaters
527 Martin Walser, Ehen in Philippsburg
528 René Schickele, Die Flaschenpost
529 Flann O'Brien, Das Barmen
533 Wolfgang Hildesheimer, Biosphärenklänge
534 Ingeborg Bachmann, Malina
535 Ludwig Wittgenstein, Vermischte Bemerkungen
536 Zbigniew Herbert, Ein Barbar in einem Garten
537 Rainer Maria Rilke, Ewald Tragy
538 Robert Walser, Die Rose
539 Malcolm Lowry, Die letzte Adresse
540 Boris Vian, Die Gischt der Tage
541 Hermann Hesse, Josef Knechts Lebensläufe
542 Hermann Hesse, Magie des Buches
543 Hermann Lenz, Spiegelhütte
544 Federico García Lorca, Gedichte
545 Ricarda Huch, Der letzte Sommer
546 Wilhelm Lehmann, Gedichte
547 Walter Benjamin, Deutsche Menschen

548 Bohumil Hrabal, Tanzstunden für Erwachsene und Fortgeschrittene
549 Nelly Sachs, Gedichte
550 Ernst Penzoldt, Kleiner Erdenwurm
551 Octavio Paz, Gedichte
552 Luigi Pirandello, Einer, Keiner, Hunderttausend
553 Strindberg, Traumspiel
554 Carl Seelig, Wanderungen mit Robert Walser
555 Gershom Scholem, Von Berlin nach Jerusalem
556 Thomas Bernhard, Immanuel Kant
557 Ludwig Hohl, Varia
559 Raymond Roussel, Locus Solus
560 Jean Gebser, Rilke und Spanien
561 Stanisław Lem, Die Maske · Herr F.
562 Raymond Chandler, Straßenbekanntschaft Noon Street
563 Konstantin Paustowskij, Erzählungen vom Leben
564 Rudolf Kassner, Zahl und Gesicht
565 Hugo von Hofmannsthal, Das Salzburger große Welttheater
567 Siegfried Kracauer, Georg
568 Valery Larbaud, Glückliche Liebende ...
570 Graciliano Ramos, Angst
571 Karl Kraus, Über die Sprache
572 Rudolf Alexander Schröder, Ausgewählte Gedichte
573 Hans Carossa, Rumänisches Tagebuch
574 Marcel Proust, Combray
575 Theodor W. Adorno, Berg
576 Vladislav Vančura, Der Bäcker Jan Marhoul
577 Mircea Eliade, Die drei Grazien
578 Georg Kaiser, Villa Aurea
579 Gertrude Stein, Zarte Knöpfe
580 Elias Canetti, Aufzeichnungen 1942–1972
581 Max Frisch, Montauk
582 Samuel Beckett, Um abermals zu enden
583 Mao Tse-tung, 39 Gedichte
584 Ernst Kreuder, Die Gesellschaft vom Dachboden
585 Peter Weiss, Der Schatten des Körpers des Kutschers
586 Herman Bang, Das weiße Haus
587 Herman Bang, Das graue Haus
588 Hermann Broch, Menschenrecht und Demokratie
589 D. H. Lawrence, Auferstehungsgeschichte
590 Flann O'Brien, Zwei Vögel beim Schwimmen
591 André Gide, Die Rückkehr des verlorenen Sohnes
592 Jean Gebser, Lorca oder das Reich der Mütter
593 Robert Walser, Der Spaziergang
594 Natalia Ginzburg, Caro Michele
595 Raquel de Queiroz, Das Jahr 15
596 Hans Carossa, Ausgewählte Gedichte

597 Mircea Eliade, Der Hundertjährige
599 Hans Mayer, Doktor Faust und Don Juan
600 Thomas Bernhard, Ja
601 Marcel Proust, Der Gleichgültige
602 Hans Magnus Enzensberger, Mausoleum
603 Stanisław Lem, Golem XIV
604 Max Frisch, Der Traum des Apothekers von Locarno
605 Ludwig Hohl, Vom Arbeiten · Bild
606 Herman Bang, Exzentrische Existenzen
607 Guillaume Apollinaire, Bestiarium
608 Hermann Hesse, Klingsors letzter Sommer
609 René Schickele, Die Witwe Bosca
610 Machado de Assis, Der Irrenarzt
611 Wladimir Trendrjakow, Die Nacht nach der Entlassung
612 Peter Handke, Die Angst des Tormanns beim Elfmeter
613 André Gide, Die Aufzeichnungen und Gedichte des André Walter
614 Bernhard Guttmann, Das alte Ohr
616 Ludwig Wittgenstein, Bemerkungen über die Farben
617 Paul Nizon, Stolz
618 Alexander Lernet-Holenia, Die Auferstehung des Maltravers
619 Jean Tardieu, Mein imaginäres Museum
620 Arno Holz/Johannes Schlaf, Papa Hamlet
621 Hans Erich Nossack, Vier Etüden
622 Reinhold Schneider, Las Casas vor Karl V.
624 Ludwig Hohl, Bergfahrt
625 Hermann Lenz, Das doppelte Gesicht
627 Vladimir Nabokov, Lushins Verteidigung
628 Donald Barthelme, Komm wieder Dr. Caligari
629 Louis Aragon, Libertinage, die Ausschweifung
630 Ödön von Horváth, Sechsunddreißig Stunden
631 Bernard Shaw, Sozialismus für Millionäre
632 Meinrad Inglin, Werner Amberg. Die Geschichte seiner Kindheit
633 Lloyd deMause, Über die Geschichte der Kindheit
634 Rainer Maria Rilke, Die Sonette an Orpheus
635 Aldous Huxley, Das Lächeln der Gioconda
636 François Mauriac, Die Tat der Thérèse Desqueyroux
637 Wolf von Niebelschütz, Über Dichtung
638 Henry de Montherlant, Die kleine Infantin
639 Yasushi Inoue, Eroberungszüge
640 August Strindberg, Das rote Zimmer
641 Ernst Simon, Entscheidung zum Judentum
642 Albert Ehrenstein, Briefe an Gott
643 E. M. Cioran, Über das reaktionäre Denken
644 Julien Green, Jugend
645 Marie Luise Kaschnitz, Beschreibung eines Dorfes
646 Thomas Bernhard, Der Weltverbesserer
647 Wolfgang Hildesheimer, Exerzitien mit Papst Johannes

648 Volker Braun, Unvollendete Geschichte
649 Hans Carossa, Ein Tag im Spätsommer 1947
650 Jean-Paul Sartre, Die Wörter
651 Regina Ullmann, Ausgewählte Erzählungen
652 Stéphane Mallarmé, Eines Faunen Nachmittag
653 Flann O'Brien, Das harte Leben
654 Valery Larbaud, Fermina Márquez
655 Robert Walser, Geschichten
656 Max Kommerell, Der Lampenschirm aus den drei Taschentüchern
657 Samuel Beckett, Bruchstücke
658 Carl Spitteler, Imago
659 Wolfgang Koeppen, Das Treibhaus
660 Ernst Weiß, Franziska
661 Grigol Robakidse, Kaukasische Novellen
662 Muriel Spark, Die Ballade von Peckham Rye
663 Hans Erich Nossack, Der Neugierige
665 Mircea Eliade, Fräulein Christine
666 Yasushi Inoue, Die Berg-Azaleen auf dem Hira-Gipfel
667 Max Herrmann-Neiße, Der Todeskandidat
668 Ramón del Valle-Inclán, Frühlingssonate
669 Marguerite Duras, Ganze Tage in den Bäumen
670 Ding Ling, Das Tagebuch der Sophia
671 Yehudi Menuhin, Kunst und Wissenschaft als verwandte Begriffe
672 Karl Krolow, Gedichte
673 Giovanni Papini, Ein erledigter Mensch
674 Bernhard Kellermann, Der Tunnel
675 Ludwig Hohl, Das Wort faßt nicht jeden
678 Julien Green, Moira
679 Georges Simenon, Der Präsident
680 Rudolf Jakob Humm, Die Inseln
681 Misia Sert, Pariser Erinnerungen
682 Hans Henny Jahnn, Die Nacht aus Blei
683 Luigi Malerba, Geschichten vom Ufer des Tibers
684 Robert Walser, Kleine Dichtungen
685 Reinhold Schneider, Verhüllter Tag
686 Andrej Platonov, Dshan
688 Hans Carossa, Führung und Geleit
689 Ferdinand Ebner, Das Wort und die geistigen Realitäten
690 Hugo Ball, Zur Kritik der deutschen Intelligenz
693 Viktor Šklovskij, Zoo oder Briefe nicht über die Liebe
694 Yves Bonnefoy, Rue Traversière
696 Odysseas Elytis, Ausgewählte Gedichte
697 Wisława Szymborska, Deshalb leben wir
698 Otto Flake, Gedichte
700 Peter Weiss, Abschied von den Eltern
701 Wladimir Tendrjakow, Die Abrechnung
705 Ernesto Cardenal, Gedichte

Bibliothek Suhrkamp
Alphabetisches Verzeichnis

Adorno: Berg 575
- Literatur 1 47
- Literatur 2 71
- Literatur 3 146
- Literatur 4 395
- Mahler 61
- Minima Moralia 236
- Über Walter Benjamin 260
Aitmatow: Dshamilja 315
Alain: Die Pflicht glücklich zu sein 470
Alain-Fournier: Der große Meaulnes 142
- Jugendbildnis 23
Alberti: Zu Lande zu Wasser 60
Anderson: Winesburg, Ohio 44
Andrić: Hof 38
Andrzejewski: Appellation 325
- Jetzt kommt über dich das Ende 524
Apollinaire: Bestiarium 607
Aragon: Libertinage, die Ausschweifung 629
Arghezi: Kleine Prosa 156
Artmann: Gedichte 473
de Assis: Der Irrenarzt 610
Asturias: Legenden aus Guatemala 358
Bachmann: Malina 534
Ball: Flametti 442
- Hermann Hesse 34
- Zur Kritik der deutschen Intelligenz 690
Bang: Das weiße Haus 586
- Das graue Haus 587
- Exzentrische Existenzen 606
Barnes: Antiphon 241
- Nachtgewächs 293
Baroja: Shanti Andía, der Ruhelose 326
Barthelme: City Life 311
- Komm wieder Dr. Caligari 628

Barthes: Die Lust am Text 378
Baudelaire: Gedichte 257
Becher: Gedichte 453
Becker: Jakob der Lügner 510
Beckett: Bruchstücke 657
- Der Verwaiser 303
- Erste Liebe 277
- Erzählungen 82
- Glückliche Tage 98
- Mercier und Camier 327
- Residua 254
- That Time/Damals 494
- Um abermals zu enden 582
- Wie es ist 118
Belyj: Petersburg 501
Benjamin: Berliner Chronik 251
- Berliner Kindheit 2
- Denkbilder 407
- Deutsche Menschen 547
- Einbahnstraße 27
- Über Literatur 232
Benn: Weinhaus Wolf 202
Bernhard: Amras 489
- Der Präsident 440
- Der Weltverbesserer 646
- Die Berühmten 495
- Die Jagdgesellschaft 376
- Die Macht der Gewohnheit 415
- Der Ignorant und der Wahnsinnige 317
- Immanuel Kant 556
- Ja 600
- Midland in Stilfs 272
- Verstörung 229
Bioy-Casares: Morels Erfindung 443
Blixen: Babettes Gastmahl 480
Bloch: Erbschaft dieser Zeit 388
- Die Kunst, Schiller zu sprechen 234
- Spuren. Erweiterte Ausgabe 54
- Thomas Münzer 77

- Verfremdungen 1 85
- Verfremdungen 2 120
- Zur Philosophie der Musik 398
Block: Der Sturz des Zarenreiches 290
Bond: Lear 322
Bonnefoy: Rue Traversière 694
Borchers: Gedichte 509
Braun: Unvollendete Geschichte 648
Brecht: Die Bibel 256
- Flüchtlingsgespräche 63
- Gedichte und Lieder 33
- Geschichten 81
- Hauspostille 4
- Klassiker 287
- Dialoge aus dem Messingkauf 140
- Me-ti, Buch der Wendungen 228
- Politische Schriften 242
- Schriften zum Theater 41
- Svendborger Gedichte 335
- Turandot oder der Kongreß der Weißwäscher 206
Breton: L'Amour fou 435
- Nadja 406
Broch: Demeter 199
- Esch oder die Anarchie 157
- Gedanken zur Politik 245
- Hofmannsthal und seine Zeit 385
- Huguenau oder die Sachlichkeit 187
- James Joyce und die Gegenwart 306
- Die Erzählung der Magd Zerline 204
- Menschenrecht und Demokratie 588
- Pasenow oder die Romantik 92
Brudziński: Die Rote Katz 266
Busoni: Entwurf einer neuen Ästhetik der Tonkunst 397
Camus: Der Fall 113
- Jonas 423
- Ziel eines Lebens 373

Canetti: Aufzeichnungen 1942–1972 580
- Der Überlebende 449
Capote: Die Grasharfe 62
Cardenal: Gedichte 705
Carossa: Gedichte 596
- Ein Tag im Spätsommer 1947 649
- Führung und Geleit 688
- Rumänisches Tagebuch 573
Carpentier: Barockkonzert 508
- Das Reich von dieser Welt 422
Celan: Ausgewählte Gedichte 264
- Gedichte I 412
- Gedichte II 413
Chandler: Straßenbekanntschaft Noon Street 562
Cioran: Über das reaktionäre Denken 643
Cortázar: Geschichten der Cronopien und Famen 503
Cocteau: Nacht 171
Conrad: Jugend 386
Curtius: Marcel Proust 28
Ding Ling: Das Tagebuch der Sophia 670
Döblin: Berlin Alexanderplatz 451
Duras: Ganze Tage in den Bäumen 669
- Herr Andesmas 109
Ebner: Das Wort und die geistigen Realitäten 689
Ehrenburg: Julio Jurenito 455
Ehrenstein: Briefe an Gott 642
Eich: Aus dem Chinesischen 525
- Gedichte 368
- In anderen Sprachen 135
- Katharina 421
- Marionettenspiele 496
- Maulwürfe 312
- Träume 16
Einstein: Bebuquin 419
Eliade: Das Mädchen Maitreyi 429
- Der Hundertjährige 597
- Die drei Grazien 577

- Die Sehnsucht nach dem Ursprung 408
- Die Pelerine 522
- Fräulein Christine 665
- Auf der Mântuleasa-Straße 328

Eliot: Das wüste Land 425
- Gedichte 130
- Old Possums Katzenbuch 10

Elytis: Ausgewählte Gedichte 696

Enzensberger: Mausoleum 602

Faulkner: Der Bär 56
- Wilde Palmen 80

Fitzgerald: Der letzte Taikun 91

Flake: Gedichte 698

Fleißer: Abenteuer aus dem Englischen Garten 223
- Ein Pfund Orangen 375

Freud: Briefe 307
- Der Mann Moses 131
- Leonardo da Vinci 514

Frisch: Andorra 101
- Bin 8
- Biografie: Ein Spiel 225
- Der Traum des Apothekers von Locarno 604
- Homo faber 87
- Montauk 581
- Tagebuch 1946-49 261

Fuentes: Zwei Novellen 505

Gadamer: Vernunft im Zeitalter der Wissenschaft 487
- Wer bin Ich und wer bist Du? 352

Gadda: Die Erkenntnis des Schmerzes 426
- Erzählungen 160

Gałczyński: Die Grüne Gans 204

Gebser: Lorca oder das Reich der Mütter 592
- Rilke und Spanien 560

Gide: Die Aufzeichnungen und Gedichte des André Walter 613
- Die Rückkehr des verlorenen Sohnes 591

Ginsburg: Caro Michele 594

Giraudoux: Juliette im Lande der Männer 308

Gorki: Zeitgenossen 89

Green: Der Geisterseher 492
- Der andere Schlaf 45
- Jugend 644
- Moira 678

Gründgens: Wirklichkeit des Theaters 526

Guillén: Ausgewählte Gedichte 411

Guttmann: Das alte Ohr 614

Habermas: Philosophisch-politische Profile 265

Haecker: Tag- und Nachtbücher 478

Hamsun: Hunger 143
- Mysterien 348

Handke: Die Angst des Tormanns beim Elfmeter 612

Hašek: Partei des maßvollen Fortschritts 283

Heimpel: Die halbe Violine 403

Hemingway· Der alte Mann und das Meer 214

Herbert: Ein Barbar in einem Garten 536
- Herr Cogito 416
- Im Vaterland der Mythen 339
- Inschrift 384

Hermlin: Der Leutnant Yorck von Wartenburg 381

Herrmann-Neiße: Der Todeskandidat 667

Hesse: Briefwechsel mit Thomas Mann 441
- Demian 95
- Eigensinn 353
- Glaube 300
- Glück 344
- Iris 369
- Klingsors letzter Sommer 608
- Josef Knechts Lebensläufe 541
- Knulp 75
- Kurgast 329
- Legenden 472
- Magie des Buches 542
- Morgenlandfahrt 1

- Musik 483
- Narziß und Goldmund 65
- Politische Betrachtungen 244
- Siddhartha 227
- Steppenwolf 226
- Stufen 342
- Vierter Lebenslauf 181
- Wanderung 444

Highsmith: Als die Flotte im Hafen lag 491

Hildesheimer: Biosphärenklänge 533
- Cornwall 281
- Exerzitien mit Papst Johannes 647
- Hauskauf 417
- Lieblose Legenden 84
- Masante 465
- Tynset 365

Hofmannsthal: Briefwechsel 469
- Das Salzburger große Welttheater 565
- Gedichte und kleine Dramen 174

Hohl: Bergfahrt 624
- Das Wort faßt nicht jeden 275
- Nuancen und Details 438
- Varia 557
- Vom Arbeiten · Bild 605
- Vom Erreichbaren 323
- Weg 292

Holz/Schlaf: Papa Hamlet 620

Horkheimer: Die gesellschaftliche Funktion der Philosophie 391

Horváth: Don Juan 445
- Glaube Liebe Hoffnung 361
- Italienische Nacht 410
- Kasimir und Karoline 316
- Sechsunddreißig Stunden 630
- Von Spießern 285
- Geschichten aus dem Wiener Wald 247

Hrabal: Moritaten und Legenden 360
- Tanzstunden für Erwachsene und Fortgeschrittene 548

Huch: Der letzte Sommer 545

Huchel: Ausgewählte Gedichte 345

Hughes: Sturmwind auf Jamaika 363
- Walfischheim 14

Humm: Die Inseln 680

Huxley: Das Lächeln der Gioconda 635

Inglin: Werner Amberg. Die Geschichte seiner Kindheit 632

Inoue: Die Berg-Azaleen auf dem Hira-Gipfel 666
- Eroberungszüge 639
- Das Jagdgewehr 137
- Der Stierkampf 273

Jacob: Der Würfelbecher 220

Jahnn: Die Nacht aus Blei 682

James: Die Tortur 321

Jouve: Paulina 1880 271

Joyce: Anna Livia Plurabelle 253
- Briefe an Nora 280
- Dubliner 418
- Giacomo Joyce 240
- Kritische Schriften 313
- Porträt des Künstlers 350
- Stephen der Held 338
- Die Toten/The Dead 512
- Verbannte 217

Kafka: Der Heizer 464
- Die Verwandlung 351
- Er 97

Kaiser: Villa Aurea 578

Kasack: Die Stadt hinter dem Strom 296

Kasakow: Larifari 274

Kaschnitz: Beschreibung eines Dorfes 645
- Gedichte 436
- Orte 486
- Vogel Rock 231

Kassner: Zahl und Gesicht 564

Kästner: Aufstand der Dinge 476
- Zeltbuch von Tumilat 382

Kawabata: Träume im Kristall 383

Kawerin: Das Ende einer Bande 332
- Unbekannter Meister 74

Kellermann: Der Tunnel 674
Koeppen: Das Treibhaus 659
– Jugend 500
– Tauben im Gras 393
Kołakowski: Himmelsschlüssel 207
Kolář: Das sprechende Bild 288
Kommerell: Der Lampenschirm aus den drei Taschentüchern 656
Kracauer: Freundschaft 302
– Georg 567
– Ginster 107
Kraft: Franz Kafka 211
– Spiegelung der Jugend 356
Kraus: Nestroy und die Nachwelt 387
– Sprüche 141
– Über die Sprache 571
Kreuder: Die Gesellschaft vom Dachboden 584
Krolow: Alltägliche Gedichte 219
– Gedichte 672
– Nichts weiter als Leben 262
Kudszus: Jaworte Neinworte 252
Lampe: Septembergewitter 481
Landolfi: Erzählungen 185
Landsberg: Erfahrung des Todes 371
Larbaud: Fermina Márquez 654
– Glückliche Liebende ... 568
Lasker-Schüler: Mein Herz 520
Lawrence: Auferstehungsgeschichte 589
Lehmann: Gedichte 546
Leiris: Mannesalter 427
Lem: Das Hohe Schloß 405
– Der futurologische Kongreß 477
– Die Maske · Herr F. 561
– Golem XIV 603
– Robotermärchen 366
Lenz: Dame und Scharfrichter 499
– Das doppelte Gesicht 625
– Der Kutscher und der Wappenmaler 428
– Spiegelhütte 543

Lernet-Holenia: Die Auferstehung des Maltravers 618
Levin: James Joyce 459
Llosa: Die kleinen Hunde 439
Loerke: Anton Bruckner 39
– Gedichte 114
Lorca: Bluthochzeit/Yerma 454
– Gedichte 544
Lowry: Die letzte Adresse 539
Lucebert: Gedichte 259
Majakowskij: Ich 354
– Liebesbriefe an Lilja 238
– Politische Poesie 182
Malerba: Geschichten vom Ufer des Tibers 683
Mallarmé: Eines Faunen Nachmittag 652
Mann, Heinrich: Politische Essays 209
Mann, Thomas: Briefwechsel mit Hermann Hesse 441
– Leiden und Größe der Meister 389
– Schriften zur Politik 243
Mao Tse-tung: 39 Gedichte 583
Marcuse: Triebstruktur und Gesellschaft 158
Mauriac: Die Tat der Thérèse Desqueyroux 636
Maurois: Marcel Proust 286
deMause: Über die Geschichte der Kindheit 633
Mayer: Brecht in der Geschichte 284
– Doktor Faust und Don Juan 599
– Goethe 367
Mayoux: James Joyce 205
Menuhin: Kunst und Wissenschaft als verwandte Begriffe 671
Michaux: Turbulenz 298
Minder: Literatur 275
Mishima: Nach dem Bankett 488
Mitscherlich: Idee des Friedens 233
– Versuch, die Welt besser zu bestehen 246

Montherlant: Die kleine
  Infantin 638
Musil: Tagebücher 90
– Die Verwirrungen des Zöglings
  Törleß 448
Nabokov: Lushins Verteidigung
  627
Neruda: Gedichte 99
Niebelschütz: Über Dichtung
  637
Nizan: Das Leben des
  Antoine B. 402
Nizon: Stolz 617
Nossack: Beweisaufnahme 49
– Der Neugierige 663
– Der Untergang 523
– Interview mit dem Tode 117
– Nekyia 72
– Spätestens im November 331
– Dem unbekannten Sieger 270
– Vier Etüden 621
Nowaczyński: Schwarzer Kauz 310
O'Brien: Der dritte Polizist 446
– Das Barmen 529
– Das harte Leben 653
– Zwei Vögel beim Schwimmen 590
Olescha: Neid 127
Onetti: Die Werft 457
Palinurus: Das Grab der Leiden-
  schaft 11
Papini: Ein erledigter Mensch 673
Pasternak: Initialen ohne Frieden
  299
– Geschichte einer Kontra-
  Oktave 456
Paustowskij: Erzählungen vom
  Leben 563
Pavese: Das Handwerk
  des Lebens 394
– Mond 111
Paz: Das Labyrinth der
  Einsamkeit 404
– Gedichte 551
Penzoldt: Kleiner Erdenwurm 550
– Der dankbare Patient 25
– Squirrel 46
– Prosa eines Liebenden 78

Piaget: Weisheit und Illusionen
  der Philosophie 362
Pirandello: Einer, Keiner,
  Hunderttausend 552
Plath: Ariel 380
– Glasglocke 208
Platonov: Die Baugrube 282
– Dshan 686
Ponge: Im Namen der Dinge 336
Portmann: Vom Lebendigen 346
Pound: ABC des Lesens 40
– Wort und Weise 279
Proust: Briefwechsel mit der
  Mutter 239
– Combray 574
– Der Gleichgültige 601
– Swann 267
– Tage der Freuden 164
– Tage des Lesens 400
Queiroz: Das Jahr 15 595
Queneau: Stilübungen 148
– Zazie in der Metro 431
Radiguet: Der Ball 13
– Den Teufel im Leib 147
Ramos: Angst 570
Ramuz: Erinnerungen an
  Strawinsky 17
Rilke: Ausgewählte Gedichte 184
– Briefwechsel 469
– Das Testament 414
– Der Brief des jungen Arbeiters
  372
– Die Sonette an Orpheus 634
– Duineser Elegien 468
– Ewald Tragy 537
– Gedichte an die Nacht 519
– Malte Laurids Brigge 343
– Über Dichtung und Kunst 409
Ritter: Subjektivität 379
Roa Bastos: Menschensohn 506
Robakidse: Kaukasische
  Novellen 661
Roditi: Dialoge über Kunst 357
Roth, Joseph: Beichte 79
– Die Legende vom heiligen
  Trinker 498
Roussell: Locus Solus 559

Rulfo: Der Llano in Flammen 504
- Pedro Páramo 434
Sachs, Nelly: Späte Gedichte 161
- Gedichte 549
- Verzauberung 276
Sarraute: Martereau 145
- Tropismen 341
Sartre: Die Wörter 650
- Die Kindheit eines Chefs 175
Schadewaldt: Der Gott von Delphi 471
Schickele: Die Flaschenpost 528
- Die Witwe Bosca 609
Schneider: Las Casas vor Karl V. 622
- Verhüllter Tag 685
Scholem: Judaica 1 106
- Judaica 2 263
- Judaica 3 333
- Von Berlin nach Jerusalem 555
- Walter Benjamin 467
Scholem-Alejchem: Tewje, der Milchmann 210
Schröder: Ausgewählte Gedichte 572
- Der Wanderer 3
Schulz: Die Zimtläden 377
Schwob: Roman der 22 Lebensläufe 521
Seelig: Wanderungen mit Robert Walser 554
Seghers: Aufstand der Fischer 20
- Die Sagen vom Räuber Woynok 458
- Sklaverei in Guadeloupe 186
Sender: König und Königin 305
- Requiem für einen spanischen Landsmann 133
Sert: Pariser Erinnerungen 681
Shaw: Handbuch des Revolutionärs 309
- Haus Herzenstod 108
- Die heilige Johanna 295
- Helden 42
- Der Kaiser von Amerika 359
- Mensch und Übermensch 129
- Pygmalion 66
- Selbstbiographische Skizzen 86
- Sozialismus für Millionäre 631
- Vorwort für Politiker 154
- Wagner-Brevier 337
Simenon: Der Präsident 679
Simon, Ernst: Entscheidung zum Judentum 641
Simon, Claude: Das Seil 134
Šklovskij: Sentimentale Reise 390
- Zoo oder Briefe nicht über die Liebe 693
Solschenizyn: Matrjonas Hof 324
Spark: Die Ballade von Peckham Rye 662
Spitteler: Imago 658
Stein: Zarte Knöpfe 579
- Erzählen 278
- Paris Frankreich 452
Strindberg: Am offenen Meer 497
- Das rote Zimmer 640
- Fräulein Julie 513
- Traumspiel 553
Suhrkamp: Briefe 100
- Der Leser 55
- Munderloh 37
Svevo: Ein Mann wird älter 301
- Vom alten Herrn 194
Szaniawski: Der weiße Rabe 437
Szondi: Celan-Studien 330
- Satz und Gegensatz 479
Szymborska: Deshalb leben wir 697
Tardieu: Mein imaginäres Museum 619
Tendrjakow: Die Abrechnung 701
- Die Nacht nach der Entlassung 611
Thoor: Gedichte 424
Tomasi di Lampedusa: Der Leopard 447
Trakl: Gedichte 420
Ullmann: Ausgewählte Erzählungen 651
Valéry: Die fixe Idee 155
- Eupalinos 370
- Herr Teste 162

- Über Kunst 53
- Windstriche 294
- Zur Theorie der Dichtkunst 474
Valle-Inclán: Frühlingssonate 668
- Tyrann Banderas 430
Vallejo: Gedichte 110
Vančura: Der Bäcker Jan Marhoul 576
Vian: Die Gischt der Tage 540
Vittorini: Die rote Nelke 136
Walser, Martin: Ehen in Philippsburg 527
Walser, Robert: Der Gehülfe 490
- Der Spaziergang 593
- Die Rose 538
- Geschichten 655
- Geschwister Tanner 450
- Jakob von Gunten 515
- Kleine Dichtungen 684
- Prosa 57
Waugh: Wiedersehen mit Brideshead 466
Weiss: Abschied von den Eltern 700
- Der Schatten des Körpers des Kutschers 585
- Hölderlin 297
- Trotzki im Exil 255
Weiß: Franziska 660
Wilde: Die romantische Renaissance 399
- Das Bildnis des Dorian Gray 314
Williams: Die Worte 76
Wittgenstein: Bemerkungen über die Farben 616
- Über Gewißheit 250
- Vermischte Bemerkungen 535
Yeats: Die geheime Rose 433
Zimmer: Kunstform und Yoga 482
Zweig: Die Monotonisierung der Welt 493